Rastlinné dobroty 2023

Jednoduché a chutné recepty na rastlinné jedlá, ktoré vám dodajú energiu a vitalitu

Petra Nováková

Obsah

ÚVOD 10

Klasická šošovicová polievka s mangoldom 16

Pikantná zimná polievka Farro 18

Dúhový cícerový šalát 20

Šošovicový šalát na stredomorský spôsob 22

Pečená špargľa a avokádový šalát 24

Krémový šalát so zelenými fazuľkami a píniovými orieškami 26

Cannellini fazuľová polievka s kalerábom 28

. Výdatná hubová krémová polievka 29

Autentický taliansky šalát panzanella 32

Quinoa a čierny fazuľový šalát 34

Bohatý bulgurový šalát s bylinkami 36

Klasický šalát z pečenej papriky 40

Výdatná zimná quinoa polievka 42

Šalát zo zelenej šošovice 44

. Žaluďová tekvica, cícer a kuskusová polievka 46

. Kapustová polievka s cesnakovým Crostini 48

Krémová polievka zo zelených fazúľ 51

Tradičná francúzska cibuľová polievka 53

. Pečená mrkvová polievka 55

Taliansky cestovinový šalát penne 57

Indický šalát Chana Chaat 59

Tempeh a rezancový šalát na thajský spôsob 61

Klasická brokolicová krémová polievka 63

Marocký šalát so šošovicou a hrozienkami 65

Špargľa a cícerový šalát 67

Staromódny zelený fazuľový šalát 70

zimná fazuľová polievka 72

Krémová hubová polievka na taliansky spôsob 74

Zemiaková krémová polievka s bylinkami 77

Quinoa avokádový šalát 79

Tabbouleh šalát s tofu 81

Záhradný cestovinový šalát 83

Tradičný ukrajinský boršč 86

Šošovicový šalát Beluga 88

Naan šalát na indický spôsob 90

Pečený paprikový šalát na grécky spôsob 92

Fazuľová a zemiaková polievka 95

Zimný quinoa šalát s kyslou uhorkou 97

Polievka z pečených húb 100

Zelená fazuľová polievka v stredomorskom štýle 102

mrkvová krémová polievka 104

Taliansky pizzový šalát od Nonny 107

Krémová zlatá zeleninová polievka 109

Pečená karfiolová polievka 111

ZELENINA A PRÍLOHY 115

Artičoky dusené na víne a citróne 116

. Pečená mrkva s bylinkami 118

Jednoduché dusené zelené fazuľky 120

Dusený kel so sezamom 122

Vyprážaná zimná zelenina 125

Tradičný marocký tagine 127

Panvica na čínsku kapustu 129

Dusený karfiol so sezamom 131

Sladké mrkvové pyré 133

Dusená repa 135

Zlatá zemiaková kaša Yukon 137

Aromatický dusený švajčiarsky mangold 139

Klasická dusená paprika 141

Pyrená koreňová zelenina 143

. Pečená maslová tekvica 145

Dusené cremini huby 147

Vyprážaná špargľa so sezamom 149

Panvica na baklažán na grécky spôsob 151

Keto karfiolová ryža 153

Obyčajná cesnaková kapusta 155

Artičoky dusené na citróne a olivovom oleji 157

Pečená mrkva s rozmarínom a cesnakom 158

Zelená fazuľka v stredomorskom štýle 161

Pečená záhradná zelenina 163

. Jednoducho pečený kaleráb 165

Karfiol s tahini omáčkou 167

Bylinkové karfiolové pyré 169

Cesnak bylinková panvica na huby 171

Pečená špargľa 173

Zázvorové pyré z mrkvy 175

Pečené artičoky na stredomorský spôsob 177

Dusený kel na thajský spôsob 180

Hodvábne kalerábové pyré 182

Smotanový restovaný špenát 184

Aromatický soté kaleráb 186

Klasická dusená kapusta 188

Dusená mrkva so sezamom 190

Pečená mrkva s tahini omáčkou 192

Pečený karfiol s bylinkami 194

Krémové rozmarínové brokolicové pyré 197

Jednoduchá panvica na mangold 199

Zelená kapusta dusená na víne 201

French Beans Verts 203

Maslové pyré z repy 205

Dusená cuketa s bylinkami 207

šťouchané sladké zemiaky 209

Sherry pečená kráľovská trúbka 212

Cvikla a zemiaková kaša 214

Quino kaša so sušenými figami 217

Chlebový puding s hrozienkami 219

ÚVOD

Je to len nedávno, čo čoraz viac ľudí začína jesť rastlinné potraviny. Čo presne viedlo desiatky miliónov ľudí k tomuto životnému štýlu, je predmetom diskusie. Pribúda však dôkazov, že prevažne rastlinná strava vedie k lepšej kontrole hmotnosti a celkovému zdraviu bez mnohých chronických ochorení. Aké sú zdravotné prínosy rastlinnej stravy? Ako sa ukazuje, rastlinná strava je jednou z najzdravších diét na svete. Zdravá vegánska strava obsahuje veľa čerstvých produktov, celé zrná, strukoviny a zdravé tuky, ako sú semená a orechy. Sú bohaté na antioxidanty, minerály, vitamíny a vlákninu. Súčasné vedecké štúdie to naznačujú že vyššia konzumácia rastlinných potravín je spojená s nižším rizikom úmrtia na choroby, ako sú kardiovaskulárne ochorenia, cukrovka 2. typu, vysoký krvný tlak a obezita. Vegánske stravovacie plány sa často spoliehajú na zdravé potraviny a vyhýbajú sa živočíšnym produktom nabitým antibiotikami, aditívami a hormónmi. Tiež konzumácia vyšších hladín esenciálnych aminokyselín spolu so živočíšnymi bielkovinami môže byť škodlivá pre ľudské zdravie. Keďže živočíšne produkty obsahujú oveľa viac tuku ako rastlinná strava, nie je žiadnym šokom, že štúdie ukázali, že konzumenti mäsa sú deväťkrát častejšie obézni ako vegáni. To nás privádza k ďalšiemu bodu, jednej z najväčších výhod vegánstva – chudnutiu. Zatiaľ čo veľa ľudí sa rozhodne pre vegánstvo z etických dôvodov, samotná diéta vám môže pomôcť dosiahnuť vaše ciele v oblasti chudnutia. Ak máte problém zhodiť kilá, zvážte rastlinnú stravu. ako presne? Ako vegán znižujete počet vysokokalorických potravín, ako sú plnotučné mliečne výrobky, mastné ryby, bravčové mäso a iné potraviny s vysokým obsahom cholesterolu, ako sú vajcia. Skúste nahradiť takéto jedlá alternatívami s vysokým obsahom vlákniny a bielkovín, ktoré vás zasýtia na dlhšie. Kľúčom je zamerať sa na výživné, čisté a prirodzené potraviny a vyhnúť sa prázdnym kalóriám, ako je cukor, nasýtené tuky a vysoko spracované potraviny. Tu je pár trikov, ktoré mi pomôžu udržiavať svoju váhu na vegánskej strave roky. Jem zeleninu ako hlavný chod; Dobré tuky konzumujem s mierou – dobrý tuk, akým je olivový olej, nerobí tučným; Pravidelne cvičím a varím doma. Užite si to! Ak máte problém zhodiť kilá, zvážte rastlinnú stravu. ako presne? Ako vegán znižujete počet vysokokalorických potravín, ako sú plnotučné mliečne výrobky, mastné ryby, bravčové mäso a iné potraviny s vysokým obsahom cholesterolu, ako sú vajcia. Skúste nahradiť takéto jedlá alternatívami s vysokým obsahom vlákniny a bielkovín, ktoré vás zasýtia na dlhšie. Kľúčom je zamerať sa na výživné, čisté a prirodzené potraviny a vyhnúť sa prázdnym kalóriám, ako je cukor, Vyhnite sa nasýteným tukom a vysoko spracovaným potravinám. Tu je pár trikov, ktoré mi roky pomáhali udržať si váhu na vegánskej strave. Jem zeleninu ako hlavný chod; Dobré tuky konzumujem s mierou – dobrý tuk, akým je olivový olej, nerobí tučným; Pravidelne cvičím a varím doma.

Užite si to! Ak máte problém zhodiť kilá, zvážte rastlinnú stravu. ako presne? Ako vegán znižujete počet vysokokalorických potravín, ako sú plnotučné mliečne výrobky, mastné ryby, bravčové mäso a iné potraviny s vysokým obsahom cholesterolu, ako sú vajcia. Skúste nahradiť takéto jedlá alternatívami s vysokým obsahom vlákniny a bielkovín, ktoré vás zasýtia na dlhšie. Kľúčom je zamerať sa na bohaté na živiny, Zamerajte sa na čisté a prirodzené potraviny a vyhýbajte sa prázdnym kalóriám, ako je cukor, nasýtené tuky a vysoko spracované potraviny. Tu je pár trikov, ktoré mi roky pomáhali udržať si váhu na vegánskej strave. Jem zeleninu ako hlavný chod; Dobré tuky konzumujem s mierou – dobrý tuk, akým je olivový olej, nerobí tučným; Pravidelne cvičím a varím doma. Užite si to! ako presne? Ako vegán znižujete počet vysokokalorických potravín, ako sú plnotučné mliečne výrobky, mastné ryby, bravčové mäso a iné potraviny s vysokým obsahom cholesterolu, ako sú vajcia. Skúste nahradiť takéto jedlá alternatívami s vysokým obsahom vlákniny a bielkovín, ktoré vás zasýtia na dlhšie. Kľúčom je zamerať sa na bohaté na živiny, Zamerajte sa na čisté a prirodzené potraviny a vyhýbajte sa prázdnym kalóriám, ako je cukor, nasýtené tuky a vysoko spracované potraviny. Tu je pár trikov, ktoré mi roky pomáhali udržať si váhu na vegánskej strave. Jem zeleninu ako hlavný chod; Dobré tuky konzumujem s mierou – dobrý tuk, akým je olivový olej, nerobí tučným; Pravidelne cvičím a varím doma. Užite si to! ako presne? Ako vegán znižujete počet vysokokalorických potravín, ako sú plnotučné mliečne výrobky, mastné ryby, bravčové mäso a iné potraviny s vysokým obsahom cholesterolu, ako sú vajcia. Skúste nahradiť takéto jedlá alternatívami s vysokým obsahom vlákniny a bielkovín, ktoré vás zasýtia na dlhšie. Kľúčom je zamerať sa na bohaté na živiny, Zamerajte sa na čisté a prirodzené potraviny a vyhýbajte sa prázdnym kalóriám, ako je cukor, nasýtené tuky a vysoko spracované potraviny. Tu je pár trikov, ktoré mi roky pomáhali udržať si váhu na vegánskej strave. Jem zeleninu ako hlavný chod; Dobré tuky konzumujem s mierou – dobrý tuk, akým je olivový olej, nerobí tučným; Pravidelne cvičím a varím doma. Užite si to! Skúste nahradiť takéto jedlá alternatívami s vysokým obsahom vlákniny a bielkovín, ktoré vás zasýtia na dlhšie. Kľúčom je zamerať sa na výživné, čisté a prirodzené potraviny a vyhnúť sa prázdnym kalóriám, ako je cukor, nasýtené tuky a vysoko spracované potraviny. Tu je niekoľko trikov, ktoré mi pomôžu udržiavať svoju váhu na vegánskej strave roky. Jem zeleninu ako hlavný chod; Dobré tuky konzumujem s mierou – dobrý tuk, akým je olivový olej, nerobí tučným; Pravidelne cvičím a varím doma. Užite si to! Skúste nahradiť takéto jedlá alternatívami s vysokým obsahom vlákniny a bielkovín, ktoré vás zasýtia na dlhšie. Kľúčom je zamerať sa na výživné, čisté a prirodzené potraviny a vyhnúť sa prázdnym kalóriám, ako je cukor, nasýtené tuky a vysoko spracované potraviny. Tu je pár trikov, ktoré mi roky pomáhali udržať si váhu na vegánskej strave. Jem zeleninu ako hlavný chod; Dobré tuky konzumujem s mierou – dobrý tuk, akým je olivový olej, nerobí tučným; Pravidelne cvičím a varím doma. Užite si to! Dobré tuky konzumujem s mierou – dobrý tuk, akým je olivový olej, nerobí tučným; Pravidelne cvičím a varím doma. Užite si to! Dobré tuky konzumujem s mierou – dobrý tuk, akým je olivový olej, nerobí tučným; Pravidelne cvičím a varím doma. Užite si to!

POLIEVKY A ŠALÁTY

Klasická šošovicová polievka s mangoldom

(Hotové asi za 25 minút | 5 porcií)

Na porciu: Kalórie: 148; tuk: 7,2 g; sacharidy: 14,6 g; Bielkoviny: 7,7 g

Ingrediencie

2 lyžice olivového oleja

1 biela cibuľa, nakrájaná

1 lyžička cesnaku, nasekaný

2 veľké mrkvy, nakrájané

1 paštrnák, nasekaný

2 paličky zeleru, nasekané

2 bobkové listy

1/2 lyžičky sušeného tymiánu

1/4 lyžičky mletého kmínu

5 šálok opekaného zeleninového vývaru

1 ¼ šálky hnedej šošovice, namočenej a prepláchnutej cez noc

2 šálky mangoldu natrhaného na kúsky

inštrukcie

V hrnci s hrubým dnom zohrejte olivový olej na miernom ohni. Zeleninu spolu s korením teraz restujte asi 3 minúty, kým nebude mäkká.

Pridajte zeleninový vývar a šošovicu a priveďte do varu. Okamžite znížte oheň a pridajte bobkové listy. Nechajte variť asi 15 minút alebo kým šošovica nezmäkne.

Pridáme mangold, prikryjeme a dusíme ďalších 5 minút, alebo kým mangold nezvädne.

Podávajte v jednotlivých miskách a vychutnajte si!

Pikantná zimná polievka Farro

(Hotové asi za 30 minút | 4 porcie)

Na porciu: Kalórie: 298; tuk: 8,9 g; sacharidy: 44,6 g; Bielkoviny: 11,7 g

Ingrediencie

2 lyžice olivového oleja

1 stredný pór, nakrájaný

1 stredná repa, nakrájaná na plátky

2 talianske papriky, zbavené semienok a nakrájané

1 paprička jalapeňo, nasekaná

2 zemiaky, ošúpané a nakrájané na kocky

4 šálky zeleninového vývaru

1 šálka farro, opláchnutá

1/2 lyžičky granulovaného cesnaku

1/2 čajovej lyžičky prášku z kurkumy

1 vavrín

2 šálky špenátu, nakrájaného na kúsky

inštrukcie

V hrnci s hrubým dnom zohrejte olivový olej na miernom ohni. Teraz dusíme pór, repu, papriku a zemiaky asi 5 minút, kým nie sú chrumkavé a mäkké.

Pridajte zeleninový vývar, farro, granulovaný cesnak, kurkumu a bobkové listy; priveďte do varu.

Okamžite otočte oheň do varu. Nechajte variť asi 25 minút alebo kým farro a zemiaky nezmäknú.

Pridajte špenát a odstráňte hrniec z ohňa; špenát necháme odpočívať v zvyškovom teple, kým nezvädne. Dobrú chuť!

Dúhový cícerový šalát

(Hotové asi za 30 minút | 4 porcie)

Na porciu: Kalórie: 378; tuk: 24 g; sacharidy: 34,2 g; Bielkoviny: 10,1 g

Ingrediencie

16 uncí konzervovaného cíceru, scedený

1 stredné avokádo, nakrájané na plátky

1 paprika zbavená semienok a nakrájaná na plátky

1 veľká paradajka, nakrájaná na plátky

2 uhorky, nakrájané na kocky

1 červená cibuľa, nakrájaná na plátky

1/2 lyžičky cesnaku, nasekaného

1/4 šálky čerstvej petržlenovej vňate, nasekanej

1/4 šálky olivového oleja

2 lyžice jablčného octu

1/2 limetky, čerstvo vylisovaná

Morská soľ a mleté čierne korenie podľa chuti

inštrukcie

Vložte všetky ingrediencie do šalátovej misy.

Pred podávaním dáme šalát asi na 1 hodinu do chladničky.

Dobrú chuť!

Šošovicový šalát na stredomorský spôsob

(Hotové asi za 20 minút + čas chladenia | 5 porcií)

Na porciu: Kalórie: 348; tuk: 15 g; sacharidy: 41,6 g; Vaječný bielok: 15,8 g

Ingrediencie

1 ½ šálky červenej šošovice, prepláchnutej

1 lyžička lahôdkovej horčice

1/2 citróna, čerstvo vylisovaného

2 lyžice tamari omáčky

2 stonky jarnej cibuľky, nakrájané

1/4 šálky extra panenského olivového oleja

2 strúčiky cesnaku, nasekané

1 šálka šalátu, nakrájaného na kúsky

2 lyžice čerstvej petržlenovej vňate, nasekanej

2 lyžice čerstvého koriandra, nasekaného

1 lyžička čerstvej bazalky

1 čajová lyžička čerstvého oregana

1 ½ šálky cherry paradajok, na polovicu

3 unce olív Kalamata, bez kôstok a rozpolených

inštrukcie

Vo veľkom hrnci priveďte do varu 4 ½ šálky vody a červenú šošovicu.

Okamžite zapnite oheň a varte šošovicu asi 15 minút alebo do mäkka. Scedíme a necháme úplne vychladnúť.

Premiestnite šošovicu do šalátovej misy; Zmiešajte šošovicu so zvyšnými ingredienciami, kým sa dobre nespoja.

Podávajte vychladené alebo pri izbovej teplote. Dobrú chuť!

Pečená špargľa a avokádový šalát

(Hotové asi za 20 minút + čas chladenia | 4 porcie)

Na porciu: Kalórie: 378; tuk: 33,2 g; sacharidy: 18,6 g; Bielkoviny: 7,8 g

Ingrediencie

1 libra špargle, orezaná a nakrájaná na kúsky veľkosti sústa

1 biela cibuľa, nakrájaná

2 strúčiky cesnaku, nasekané

1 rómska paradajka, nakrájaná na plátky

1/4 šálky olivového oleja

1/4 šálky balzamikového octu

1 lyžica kamennej mletej horčice

2 lyžice čerstvej petržlenovej vňate, nasekanej

1 lyžica čerstvého koriandra, nasekaného

1 lyžica čerstvej bazalky, nasekanej

Morská soľ a mleté čierne korenie podľa chuti

1 malé avokádo zbavené semienok a nakrájané na kocky

1/2 šálky píniových oriešok, nahrubo nasekaných

inštrukcie

Začnite predhriatím rúry na 420 stupňov F.

Špargľu polejte 1 lyžicou olivového oleja a poukladajte na panvicu vystlanú pergamenom.

Pečte asi 15 minút, raz alebo dvakrát otočte panvicou, aby ste podporili rovnomerné varenie. Nechajte úplne vychladnúť a vložte do šalátovej misy.

Špargľu zmiešame so zeleninou, olivovým olejom, octom, horčicou a bylinkami. soľ a korenie podľa chuti.

Krúživým pohybom sa spojte a navrch posypte avokádom a píniovými oriešky. Dobrú chuť!

Krémový šalát so zelenými fazuľkami a píniovými orieškami

(Hotové asi za 10 minút + čas chladenia | 5 porcií)

Na porciu: Kalórie: 308; tuk: 26,2 g; sacharidy: 16,6 g; Bielkoviny: 5,8 g

Ingrediencie

1 ½ libry zelenej fazuľky, orezané

2 stredné paradajky, nakrájané na kocky

2 papriky zbavené semienok a nakrájané na kocky

4 polievkové lyžice nakrájanej šalotky

1/2 šálky píniových orieškov, nahrubo nasekaných

1/2 šálky vegánskej majonézy

1 lyžica lahôdkovej horčice

2 lyžice čerstvej bazalky, nasekanej

2 lyžice čerstvej petržlenovej vňate, nasekanej

1/2 lyžičky vločiek červenej papriky, rozdrvených

Morská soľ a čerstvo mleté čierne korenie podľa chuti

inštrukcie

Vo veľkom hrnci s osolenou vodou uvarte zelenú fazuľku do mäkka alebo asi 2 minúty.

Fazuľu sceďte a nechajte úplne vychladnúť; Potom ich preložíme do šalátovej misy. Fazuľu zmiešame so zvyšnými ingredienciami.

Ochutnajte a upravte koreniny. Dobrú chuť!

Cannellini fazuľová polievka s kalerábom

(Hotové asi za 25 minút | 5 porcií)

Na porciu: Kalórie: 188; tuk: 4,7 g; sacharidy: 24,5 g; Bielkoviny: 11,1 g

Ingrediencie

1 lyžica olivového oleja

1/2 lyžičky zázvoru, nasekaného

1/2 lyžičky rasce

1 červená cibuľa, nakrájaná

1 mrkva, očistená a nakrájaná

1 paštrnák očistený a nakrájaný

2 strúčiky cesnaku, nasekané

5 šálok zeleninového vývaru

12 uncí cannellini fazule, scedené

2 šálky kelu, natrhaného na kúsky

Morská soľ a mleté čierne korenie podľa chuti

inštrukcie

V hrnci s hrubým dnom zohrejte olivy na stredne vysokej teplote. Teraz restujte zázvor a rascu asi 1 minútu.

Teraz pridajte cibuľu, mrkvu a paštrnák; Duste ďalšie 3 minúty alebo kým zelenina nezmäkne.

Pridajte cesnak a restujte 1 minútu alebo kým nebude voňavý.

Potom zalejte zeleninovým vývarom a priveďte do varu. Okamžite znížte teplotu na mierny var a nechajte variť 10 minút.

Zložte fazuľu cannellini a kel; ďalej dusíme, kým kel nezvädne a neprehreje sa. Dochutíme soľou a korením.

Nalejte do jednotlivých misiek a podávajte horúce. Dobrú chuť!

. Výdatná hubová krémová polievka

(Hotové asi za 15 minút | 5 porcií)

Na porciu: Kalórie: 308; tuk: 25,5 g; sacharidy: 11,8 g; Vaječný bielok: 11,6 g

Ingrediencie

2 lyžice sójového masla

1 veľká šalotka, nasekaná

20 uncí krémových húb, nakrájaných na plátky

2 strúčiky cesnaku, nasekané

4 polievkové lyžice ľanovej múky

5 šálok zeleninového vývaru

1 1/3 šálky plnotučného kokosového mlieka

1 bobkový list

Morská soľ a mleté čierne korenie podľa chuti

inštrukcie

V hrnci rozpustite vegánske maslo na stredne vysokej teplote. Keď je šalotka horúca, varte ju, kým nebude mäkká a voňavá, asi 3 minúty.

Pridajte huby a cesnak a pokračujte vo varení, kým huby nezmäknú. Pridajte ľanové semienko a pokračujte vo varení asi 1 minútu.

Pridajte zvyšok ingrediencií. Prikryte a nechajte variť ďalších 5 až 6 minút, kým polievka mierne nezhustne.

Dobrú chuť!

Autentický taliansky šalát panzanella

(Hotové asi za 35 minút | 3 porcie)

Na porciu: Kalórie: 334; tuk: 20,4 g; sacharidy: 33,3 g; Bielkoviny: 8,3 g

Ingrediencie

3 šálky remeselného chleba, nalámané na 1-palcové kocky

3/4 libry špargle, orezané a nakrájané na kúsky veľkosti sústa

4 lyžice extra panenského olivového oleja

1 červená cibuľa, nakrájaná

2 lyžice čerstvej limetkovej šťavy

1 lyžička lahôdkovej horčice

2 stredne veľké dedičné paradajky, nakrájané na kocky

2 šálky rukoly

2 šálky baby špenátu

2 talianske papriky, zbavené semienok a nakrájané na plátky

Morská soľ a mleté čierne korenie podľa chuti

inštrukcie

Kocky chleba rozložíme na plech vystlaný papierom na pečenie. Pečte v predhriatej rúre pri 310 stupňoch F asi 20 minút, počas pečenia dvakrát otočte plech na pečenie; Rezervácie.

Zapnite rúru na 420 stupňov F a pridajte špargľu s 1 lyžicou olivového oleja. Špargľu restujte asi 15 minút alebo do chrumkava.

Zvyšné ingrediencie vhoďte do šalátovej misy; Navrch dáme opečenú špargľu a opečený chlieb.

Dobrú chuť!

Quinoa a čierny fazuľový šalát

(Hotové asi za 15 minút + čas chladenia | 4 porcie)

Na porciu: Kalórie: 433; tuk: 17,3 g; sacharidy: 57 g; Vaječný bielok: 15,1 g

Ingrediencie

2 šálky vody

1 šálka quinoa, opláchnutá

16 uncí konzervovanej čiernej fazule, scedenej

2 rímske paradajky, nakrájané na plátky

1 červená cibuľa, nakrájaná na tenké plátky

1 uhorka, zbavená semienok a nakrájaná

2 strúčiky cesnaku, prelisované alebo nasekané

2 talianske papriky, zbavené semienok a nakrájané na plátky

2 lyžice čerstvej petržlenovej vňate, nasekanej

2 lyžice čerstvého koriandra, nasekaného

1/4 šálky olivového oleja

1 citrón, čerstvo vytlačený

1 lyžica jablčného octu

1/2 čajovej lyžičky sušenej bylinky kôpru

1/2 čajovej lyžičky sušeného oregana

Morská soľ a mleté čierne korenie podľa chuti

inštrukcie

Vložte vodu a quinou do hrnca a priveďte do varu. Okamžite otočte oheň do varu.

Dusíme, kým quinoa neabsorbuje všetku vodu, asi 13 minút; Quinou načechráme vidličkou a necháme úplne vychladnúť. Potom vložte quinou do šalátovej misy.

Pridajte zvyšné ingrediencie do šalátovej misy a dobre premiešajte. Dobrú chuť!

Bohatý bulgurový šalát s bylinkami

(Hotové asi za 20 minút + čas chladenia | 4 porcie)

Na porciu: Kalórie: 408; tuk: 18,3 g; sacharidy: 51,8 g; Bielkoviny: 13,1 g

Ingrediencie

2 šálky vody

1 šálka pšeničného bulguru

12 uncí konzervovaného cíceru, scedený

1 perzská uhorka nakrájaná na tenké plátky

2 papriky zbavené jadier a nakrájané na tenké plátky

1 paprička jalapeňos zbavená semienok a nakrájaná na tenké plátky

2 rímske paradajky, nakrájané na plátky

1 cibuľa, nakrájaná na tenké plátky

2 lyžice čerstvej bazalky, nasekanej

2 lyžice čerstvej petržlenovej vňate, nasekanej

2 lyžice čerstvej mäty, nasekanej

2 lyžice čerstvej pažítky, nasekanej

4 lyžice olivového oleja

1 lyžica balzamikového octu

1 lyžica citrónovej šťavy

1 lyžička čerstvého cesnaku, lisovaného

Morská soľ a čerstvo mleté čierne korenie podľa chuti

2 polievkové lyžice výživného droždia

1/2 šálky olív Kalamata, nakrájané na plátky

inštrukcie

V hrnci priveďte do varu vodu a bulgur. Okamžite znížte oheň a varte asi 20 minút, alebo kým bulgur nezmäkne a voda sa takmer nevstrebe. Načechrajte vidličkou a rozložte na veľký plech, aby vychladol.

Vložte bulgur do šalátovej misy, potom cícer, uhorku, papriku, paradajky, cibuľku, bazalku, petržlenovú vňať, mätu a pažítku.

V malej miske vyšľaháme olivový olej, balzamikový ocot, citrónovú šťavu, cesnak, soľ a čierne korenie. Šalát oblečte a premiešajte.

Na vrch nasypeme nutričné droždie, ozdobíme olivami a podávame pri izbovej teplote. Dobrú chuť!

Klasický šalát z pečenej papriky

(Hotové asi za 15 minút + čas chladenia | 3 porcie)

Na porciu: Kalórie: 178; tuk: 14,4 g; sacharidy: 11,8 g; Bielkoviny: 2,4 g

Ingrediencie

6 paprík

3 lyžice extra panenského olivového oleja

3 lyžice červeného vínneho octu

3 strúčiky cesnaku nakrájané nadrobno

2 lyžice čerstvej petržlenovej vňate, nasekanej

Morská soľ a čerstvo mleté čierne korenie podľa chuti

1/2 lyžičky vločiek červenej papriky

6 lyžíc píniových oriešok, nahrubo nasekaných

inštrukcie

Papriky opekajte na plechu vystlanom papierom na pečenie, pričom panvicu v polovici varenia otáčajte, kým zo všetkých strán nezuhoľnatejú, asi 10 minút.

Potom papriky prikryte plastovým obalom, aby sa sparili. Vyhoďte šupku, semienka a jadierka.

Papriky nakrájame na pásiky a zmiešame so zvyšnými ingredienciami. Umiestnite do chladničky, kým nebudete pripravené na podávanie. Dobrú chuť!

Výdatná zimná quinoa polievka

(Hotové asi za 25 minút | 4 porcie)

Na porciu: Kalórie: 328; tuk: 11,1 g; sacharidy: 44,1 g; Vaječný bielok: 13,3 g

Ingrediencie

2 lyžice olivového oleja

1 cibuľa, nakrájaná

2 mrkvy, olúpané a nakrájané

1 paštrnák, nasekaný

1 palica zeleru, nasekaná

1 šálka žltej tekvice nasekanej

4 strúčiky cesnaku, prelisované alebo nasekané

4 šálky pečeného zeleninového vývaru

2 stredné paradajky, roztlačené

1 šálka quinoa

Morská soľ a mleté čierne korenie podľa chuti

1 vavrín

2 šálky švajčiarskeho mangoldu, pevné rebrá odstránené a natrhané na kúsky

2 lyžice talianskej petržlenovej vňate, nasekanej

inštrukcie

V hrnci s hrubým dnom zohrejte olivy na stredne vysokej teplote. Teraz restujte cibuľu, mrkvu, paštrnák, zeler a žltú tekvicu asi 3 minúty alebo kým zelenina nezmäkne.

Pridajte cesnak a restujte 1 minútu alebo kým nebude voňavý.

Potom vmiešajte zeleninový vývar, paradajky, quinou, soľ, korenie a bobkové listy; priviesť do varu. Okamžite znížte teplotu na mierny var a varte 13 minút.

zložiť v mangolde; ďalej dusíme, kým mangold nezvädne.

Nalejte do jednotlivých misiek a podávajte ozdobené čerstvou petržlenovou vňaťou. Dobrú chuť!

Šalát zo zelenej šošovice

(Hotové asi za 20 minút + čas chladenia | 5 porcií)

Na porciu: Kalórie: 349; tuk: 15,1 g; sacharidy: 40,9 g; Vaječný bielok: 15,4 g

Ingrediencie

1 ½ šálky prepláchnutej zelenej šošovice

2 šálky rukoly

2 šálky rímskeho šalátu natrhaného na kúsky

1 šálka baby špenátu

1/4 šálky čerstvej bazalky, nasekanej

1/2 šálky šalotky, nakrájanej

2 strúčiky cesnaku nakrájané nadrobno

1/4 šálky sušených paradajok v oleji, opláchnutých a nakrájaných

5 lyžíc extra panenského olivového oleja

3 lyžice čerstvej citrónovej šťavy

Morská soľ a mleté čierne korenie podľa chuti

inštrukcie

Vo veľkom hrnci priveďte do varu 4 ½ šálky vody a červenú šošovicu.

Okamžite zapnite oheň a varte šošovicu ďalších 15 až 17 minút, alebo kým nebude mäkká, ale nie kašovitá. Scedíme a necháme úplne vychladnúť.

Premiestnite šošovicu do šalátovej misy; Zmiešajte šošovicu so zvyšnými ingredienciami, kým sa dobre nespoja.

Podávajte vychladené alebo pri izbovej teplote. Dobrú chuť!

. Žaluďová tekvica, cícer a kuskusová polievka

(Hotové asi za 20 minút | 4 porcie)

Na porciu: Kalórie: 378; tuk: 11 g; sacharidy: 60,1 g; Bielkoviny: 10,9 g

Ingrediencie

2 lyžice olivového oleja

1 šalotka, nasekaná

1 mrkva, očistená a nakrájaná

2 šálky žaluďovej tekvice nasekanej

1 palica zeleru, nasekaná

1 lyžička cesnaku, jemne nakrájaného

1 lyžička sušeného rozmarínu, nasekaného

1 lyžička sušeného tymiánu, nasekaného

2 šálky smotanovej cibuľovej polievky

2 šálky vody

1 šálka suchého kuskusu

Morská soľ a mleté čierne korenie podľa chuti

1/2 lyžičky vločiek červenej papriky

6 uncí konzervovaného cíceru, scedený

2 lyžice čerstvej citrónovej šťavy

inštrukcie

V hrnci s hrubým dnom zohrejte olivy na stredne vysokej teplote. Teraz restujte šalotku, mrkvu, žaluď a zeler asi 3 minúty alebo kým zelenina nezmäkne.

Pridajte cesnak, rozmarín a tymian a pokračujte v restovaní 1 minútu alebo kým nezavonia.

Potom vmiešajte polievku, vodu, kuskus, soľ, čierne korenie a vločky červenej papriky; priviesť do varu. Okamžite znížte teplotu na mierny var a varte 12 minút.

Vložte konzervovaný cícer; ďalej dusíme, kým sa neprehreje, alebo ešte asi 5 minút.

Nalejte do jednotlivých misiek a pokvapkajte citrónovou šťavou. Dobrú chuť!

. Kapustová polievka s cesnakovým Crostini

(Hotové asi za 1 hodinu | Porcie 4)

Na porciu: Kalórie: 408; tuk: 23,1 g; sacharidy: 37,6 g; Bielkoviny: 11,8 g

Ingrediencie

polievka:

2 lyžice olivového oleja

1 stredný pór, nakrájaný

1 šálka repy, nasekaná

1 paštrnák, nasekaný

1 mrkva, nakrájaná

2 šálky kapusty, nastrúhanej

2 strúčiky cesnaku nakrájané nadrobno

4 šálky zeleninového vývaru

2 bobkové listy

Morská soľ a mleté čierne korenie podľa chuti

1/4 lyžičky rasce

1/2 lyžičky horčičných semienok

1 lyžička sušenej bazalky

2 paradajky, pyré

Crostini:

8 plátkov bagety

2 hlavy cesnaku

4 lyžice extra panenského olivového oleja

inštrukcie

V hrnci zohrejte 2 polievkové lyžice olív na stredne vysokej teplote. Teraz orestujte pór, repu, paštrnák a mrkvu asi 4 minúty, alebo kým nebude zelenina chrumkavá.

Pridajte cesnak a kapustu a pokračujte v restovaní 1 minútu alebo do aromatickej.

Potom vmiešame zeleninový vývar, bobkové listy, soľ, čierne korenie, rascu, horčičné semienka, sušenú bazalku a paradajkovú passatu; priviesť do varu. Okamžite znížte teplotu na mierny var a nechajte variť asi 20 minút.

Medzitým predhrejte rúru na 375 stupňov F. Teraz opekajte cesnak a plátky bagety asi 15 minút. Vyberte crostini z rúry.

Cesnak pečieme ďalších 45 minút alebo kým nebude veľmi mäkký. Cesnak necháme vychladnúť.

Teraz pomocou ostrého zúbkovaného noža nakrájajte každý strúčik cesnaku, aby ste oddelili všetky strúčiky.

Opečené strúčiky cesnaku vytlačíme zo šupky. Cesnakovú dužinu premiešajte so 4 polievkovými lyžicami extra panenského olivového oleja.

Na crostini rovnomerne rozotrieme zmes pečeného cesnaku. Podávame s teplou polievkou. Dobrú chuť!

Krémová polievka zo zelených fazúľ

(Hotové asi za 35 minút | 4 porcie)

Na porciu: Kalórie: 410; tuk: 19,6 g; sacharidy: 50,6 g; Vaječný bielok: 13,3 g

Ingrediencie

1 lyžica sezamového oleja

1 cibuľa, nakrájaná

1 zelená paprika zbavená semienok a nasekaná

2 červené zemiaky, ošúpané a nakrájané na kocky

2 strúčiky cesnaku, nasekané

4 šálky zeleninového vývaru

1 libra zelenej fazule, orezaná

Morská soľ a mleté čierne korenie na dochutenie

1 hrnček plnotučného kokosového mlieka

inštrukcie

V hrnci s hrubým dnom zohrejte sezamové semienka na stredne vysokej teplote. Cibuľu, papriku a zemiaky teraz restujte asi 5 minút za občasného miešania.

Pridajte cesnak a restujte 1 minútu alebo kým nebude voňavý.

Potom vmiešajte zeleninový vývar, zelené fazuľky, soľ a čierne korenie; priviesť do varu. Okamžite znížte teplotu na mierny oheň a nechajte variť 20 minút.

Pomocou ponorného mixéra rozmixujte zmes zelenej fazuľky na krémovú a hladkú.

Rozmixovanú zmes vráťte do hrnca. Pridáme kokosové mlieko a ďalej dusíme, kým sa nezohreje, alebo ešte asi 5 minút.

Nalejte do jednotlivých misiek a podávajte horúce. Dobrú chuť!

Tradičná francúzska cibuľová polievka

(Hotové asi za 1 hodinu 30 minút | Porcie 4)

Na porciu: Kalórie: 129; tuk: 8,6 g; sacharidy: 7,4 g; Bielkoviny: 6,3 g

Ingrediencie

2 lyžice olivového oleja

2 veľké žlté cibule, nakrájané na tenké plátky

2 vetvičky tymiánu, nasekané

2 vetvičky rozmarínu, nasekané

2 lyžičky balzamikového octu

4 šálky zeleninového vývaru

Morská soľ a mleté čierne korenie podľa chuti

inštrukcie

Olivový olej zohrejte v holandskej rúre alebo na miernom ohni. Teraz poduste cibuľu s tymianom, rozmarínom a 1 lyžičkou morskej soli asi 2 minúty.

Teraz znížte oheň na stredne nízky a pokračujte vo varení, kým cibuľa neskaramelizuje, alebo asi 50 minút.

Pridajte balzamikový ocot a varte ďalších 15. Pridáme vývar, soľ a čierne korenie a ďalej dusíme 20 až 25 minút.

Podávame s opečeným chlebom a vychutnávame!

. Pečená mrkvová polievka

(Hotové asi za 50 minút | 4 porcie)

Na porciu: Kalórie: 264; tuk: 18,6 g; sacharidy: 20,1 g; Bielkoviny: 7,4 g

Ingrediencie

1 ½ libry mrkvy

4 lyžice olivového oleja

1 žltá cibuľa, nakrájaná

2 strúčiky cesnaku, nasekané

1/3 lyžičky mletého kmínu

Morská soľ a biele korenie podľa chuti

1/2 čajovej lyžičky prášku z kurkumy

4 šálky zeleninového vývaru

2 lyžičky citrónovej šťavy

2 lyžice čerstvého koriandra, nahrubo nasekaného

inštrukcie

Začnite predhriatím rúry na 400 stupňov F. Položte mrkvu na veľký plech na pečenie vystlaný pergamenom; Mrkvu zmiešame s 2 lyžicami olivového oleja.

Mrkvu opekáme asi 35 minút alebo do mäkka.

V hrnci s hrubým dnom zohrejte zvyšné 2 lyžice olivového oleja. Teraz opečte cibuľu a cesnak asi 3 minúty alebo kým nebudú aromatické.

Pridajte rascu, soľ, korenie, kurkumu, zeleninový vývar a pečenú mrkvu. Pokračujte vo varení 12 minút.

Polievku rozmixujte tyčovým mixérom. Polievku pokvapkáme citrónovou šťavou a podávame ozdobenú lístkami čerstvého koriandra. Dobrú chuť!

Taliansky cestovinový šalát penne

(Hotové asi za 15 minút + čas chladenia | 3 porcie)

Na porciu: Kalórie: 614; tuk: 18,1 g; sacharidy: 101 g; Vaječný bielok: 15,4 g

Ingrediencie

9 uncí cestovín penne

9 uncí cannellini fazule, scedené

1 malá cibuľa, nakrájaná na tenké plátky

1/3 šálky olív Niçoise, zbavených kôstok a nakrájaných na plátky

2 talianske papriky, nakrájané na plátky

1 šálka cherry paradajok, rozpolená

3 šálky rukoly

Obliekanie:

3 lyžice extra panenského olivového oleja

1 čajová lyžička citrónovej kôry

1 lyžička cesnaku, nasekaný

3 lyžice balzamikového octu

1 čajová lyžička talianskej bylinnej zmesi

Morská soľ a mleté čierne korenie podľa chuti

inštrukcie

Penne uvaríme podľa návodu na obale. Scedíme a prepláchneme rezance. Nechajte úplne vychladnúť a potom preložte do šalátovej misy.

Potom pridajte fazuľu, cibuľu, olivy, papriku, paradajky a rukolu do šalátovej misy.

Zmiešajte všetky ingrediencie dresingu, až kým nebudú dobre spojené. Šalát oblečte a podávajte dobre vychladený. Dobrú chuť!

Indický šalát Chana Chaat

(Hotové za cca 45 minút + čas chladenia | 4 porcie)

Na porciu: Kalórie: 604; tuk: 23,1 g; sacharidy: 80 g; Vaječný bielok: 25,3 g

Ingrediencie

1 libra suchého cíceru, namočená cez noc

2 paradajky San Marzano, nakrájané na kocky

1 perzská uhorka, nakrájaná na plátky

1 cibuľa, nakrájaná

1 paprika zbavená semienok a nakrájaná na tenké plátky

1 zelené čili, zbavené semienok a nakrájané na tenké plátky

2 hrste baby špenátu

1/2 čajovej lyžičky kašmírskeho čili prášku

4 kari listy, nasekané

1 lyžica chaat masala

2 lyžice čerstvej citrónovej šťavy alebo podľa chuti

4 lyžice olivového oleja

1 lyžička agávového sirupu

1/2 lyžičky horčičných semienok

1/2 lyžičky koriandrových semienok

2 polievkové lyžice sezamových semienok, jemne opražených

2 lyžice čerstvého koriandra, nahrubo nasekaného

inštrukcie

Cícer sceďte a vložte do veľkého hrnca. Cícer podlejeme vodou asi 2 cm a privedieme do varu.

Okamžite znížte oheň a pokračujte vo varení asi 40 minút.

Zmiešajte cícer s paradajkami, uhorkou, cibuľou, paprikou, špenátom, čili práškom, kari listami a chaat masalou.

V malej miske dôkladne premiešajte citrónovú šťavu, olivový olej, agávový sirup, horčičné semienka a koriandrové semienka.

Ozdobte sezamovými semienkami a čerstvým koriandrom. Dobrú chuť!

Tempeh a rezancový šalát na thajský spôsob

(Hotové asi za 45 minút | 3 porcie)

Na porciu: Kalórie: 494; tuk: 14,5 g; sacharidy: 75 g; Bielkoviny: 18,7 g

Ingrediencie

6 uncí tempehu

4 lyžice ryžového octu

4 lyžice sójovej omáčky

2 strúčiky cesnaku, nasekané

1 malá limetka, čerstvo odšťavená

5 uncí ryžových rezancov

1 mrkva, nakrájaná na julienne

1 šalotka, nasekaná

3 hrste čínskej kapusty nakrájanej na tenké plátky

3 hrste kelu nakrájaného na kúsky

1 paprika zbavená semienok a nakrájaná na tenké plátky

1 chilli papričká z vtáčieho oka, nasekaná

1/4 šálky arašidového masla

2 lyžice agávového sirupu

inštrukcie

Vložte tempeh, 2 polievkové lyžice ryžového octu, sójovú omáčku, cesnak a limetkovú šťavu do keramickej misky; necháme marinovať asi 40 minút.

Medzitým si uvaríme ryžové rezance podľa návodu na obale. Cestoviny sceďte a vložte do šalátovej misy.

Vložte mrkvu, šalotku, kapustu, kel a papriku do šalátovej misy. Pridajte arašidové maslo, zvyšné 2 polievkové lyžice ryžového octu a agávový sirup a dobre premiešajte.

Ozdobte marinovaným tempehom a ihneď podávajte. Užite si to!

Klasická brokolicová krémová polievka

(Hotové asi za 35 minút | 4 porcie)

Na porciu: Kalórie: 334; tuk: 24,5 g; sacharidy: 22,5 g; Bielkoviny: 10,2 g

Ingrediencie

2 lyžice olivového oleja

1 libra ružičiek brokolice

1 cibuľa, nakrájaná

1 zelerové rebro, nakrájané

1 paštrnák, nasekaný

1 lyžička cesnaku, nasekaný

3 šálky zeleninového vývaru

1/2 lyžičky sušeného kôpru

1/2 čajovej lyžičky sušeného oregana

Morská soľ a mleté čierne korenie podľa chuti

2 polievkové lyžice ľanovej múky

1 hrnček plnotučného kokosového mlieka

inštrukcie

V hrnci s hrubým dnom zohrejte olivový olej na stredne vysokej teplote. Teraz orestujte cibuľku brokolice, zeler a paštrnák asi 5 minút a pravidelne miešajte.

Pridajte cesnak a restujte 1 minútu alebo kým nebude voňavý.

Potom vmiešajte zeleninový vývar, kôpor, oregano, soľ a čierne korenie; priviesť do varu. Okamžite znížte teplotu na mierny var a nechajte variť asi 20 minút.

Pomocou tyčového mixéra rozmixujte polievku na krémovú a hladkú.

Rozmixovanú zmes vráťte do hrnca. Vmiešame ľanovú múku a kokosové mlieko; ďalej dusíme, kým sa nezahreje, alebo asi 5 minút.

Naberte do štyroch servírovacích misiek a užívajte si!

Marocký šalát so šošovicou a hrozienkami

(Hotové asi za 20 minút + čas chladenia | 4 porcie)

Na porciu: Kalórie: 418; tuk: 15 g; sacharidy: 62,9 g; Vaječný bielok: 12,4 g

Ingrediencie

1 šálka prepláchnutej červenej šošovice

1 veľká mrkva, nakrájaná na julienne

1 perzská uhorka nakrájaná na tenké plátky

1 sladká cibuľa, nakrájaná

1/2 šálky zlatých hrozienok

1/4 šálky čerstvej mäty, nasekanej

1/4 šálky čerstvej bazalky, nasekanej

1/4 šálky extra panenského olivového oleja

1/4 šálky citrónovej šťavy, čerstvo vylisovanej

1 lyžička strúhanej citrónovej kôry

1/2 čajovej lyžičky čerstvého koreňa zázvoru, ošúpaného a nasekaného

1/2 lyžičky granulovaného cesnaku

1 lyžička mletého nového korenia

Morská soľ a mleté čierne korenie podľa chuti

inštrukcie

Vo veľkom hrnci priveďte do varu 3 šálky vody a 1 šálku šošovice.

Okamžite zapnite oheň a varte šošovicu ďalších 15 až 17 minút, alebo kým nebude mäkká, ale nie kašovitá. Scedíme a necháme úplne vychladnúť.

Premiestnite šošovicu do šalátovej misy; pridajte mrkvu, uhorku a sladkú cibuľu. Potom do šalátu pridajte hrozienka, mätu a bazalku.

V malej miske rozšľaháme olivový olej, citrónovú šťavu, citrónovú kôru, zázvor, zrnitý cesnak, nové korenie, soľ a čierne korenie.

Šalát oblečte a podávajte dobre vychladený. Dobrú chuť!

Špargľa a cícerový šalát

(Hotové asi za 10 minút + čas chladenia | 5 porcií)

Na porciu: Kalórie: 198; tuk: 12,9 g; sacharidy: 17,5 g; Vaječný bielok: 5,5 g

Ingrediencie

1 ¼ libry špargle, orezané a nakrájané na kúsky veľkosti sústa

5 uncí konzervovaného cíceru, scedeného a prepláchnutého

1 chipotle paprika, zbavená semienok a nakrájaná

1 talianska paprika zbavená semienok a nasekaná

1/4 šálky čerstvej bazalky, nasekané

1/4 šálky čerstvej petržlenovej vňate, nasekanej

2 lyžice čerstvých lístkov mäty

2 lyžice čerstvej pažítky, nasekanej

1 lyžička cesnaku, nasekaný

1/4 šálky extra panenského olivového oleja

1 lyžica balzamikového octu

1 lyžica čerstvej limetkovej šťavy

2 lyžice sójovej omáčky

1/4 lyžičky mletého nového korenia

1/4 lyžičky mletého kmínu

Morská soľ a čerstvo pomleté korenie podľa chuti, napr

inštrukcie

Priveďte k varu veľký hrniec osolenej vody so špargľou; varte 2 minúty; scedíme a opláchneme.

Vložte špargľu do šalátovej misy.

Špargľu zmiešame s cícerom, paprikou, bylinkami, cesnakom, olivovým olejom, octom, limetkovou šťavou, sójovou omáčkou a korením.

Krúživým pohybom sa spojte a ihneď podávajte. Dobrú chuť!

Staromódny zelený fazuľový šalát

(Hotové asi za 10 minút + čas chladenia | 4 porcie)

Na porciu: Kalórie: 240; tuk: 14,1 g; sacharidy: 29 g; Bielkoviny: 4,4 g

Ingrediencie

1 ½ libry zelenej fazuľky, orezané

1/2 šálky jarnej cibuľky, nakrájanej

1 lyžička cesnaku, nasekaný

1 perzská uhorka, nakrájaná na plátky

2 šálky hroznových paradajok, rozpolené

1/4 šálky olivového oleja

1 lyžička lahôdkovej horčice

2 lyžice tamari omáčky

2 lyžice citrónovej šťavy

1 lyžica jablčného octu

1/4 lyžičky rascového prášku

1/2 lyžičky sušeného tymiánu

Morská soľ a mleté čierne korenie podľa chuti

inštrukcie

Vo veľkom hrnci s osolenou vodou uvarte zelenú fazuľku do mäkka alebo asi 2 minúty.

Fazuľu sceďte a nechajte úplne vychladnúť; Potom ich preložíme do šalátovej misy. Fazuľu zmiešame so zvyšnými ingredienciami.

Dobrú chuť!

zimná fazuľová polievka

(Hotové asi za 25 minút | 4 porcie)

Na porciu: Kalórie: 234; tuk: 5,5 g; sacharidy: 32,3 g; Vaječný bielok: 14,4 g

Ingrediencie

1 lyžica olivového oleja

2 lyžice šalotky, nasekané

1 mrkva, nakrájaná

1 paštrnák, nasekaný

1 palica zeleru, nasekaná

1 lyžička čerstvého cesnaku, nasekaného

4 šálky zeleninového vývaru

2 bobkové listy

1 vetvička rozmarínu, nasekaná

16 uncí konzervovanej fazule

Vločková morská soľ a mleté čierne korenie podľa chuti

inštrukcie

V hrnci s hrubým dnom zohrejte olivy na stredne vysokej teplote. Teraz restujte šalotku, mrkvu, paštrnák a zeler asi 3 minúty alebo kým zelenina nezmäkne.

Pridajte cesnak a restujte 1 minútu alebo kým nebude voňavý.

Potom pridajte zeleninový vývar, bobkové listy a rozmarín a priveďte do varu. Okamžite znížte teplotu na mierny var a nechajte variť 10 minút.

Vmiešame bielu fazuľu a ďalej dusíme asi 5 minút, kým sa dobre nezahreje. Dochutíme soľou a čiernym korením.

Nalejte do jednotlivých misiek, zlikvidujte bobkové listy a podávajte horúce. Dobrú chuť!

Krémová hubová polievka na taliansky spôsob

(Hotové asi za 15 minút | 3 porcie)

Na porciu: Kalórie: 154; tuk: 12,3 g; sacharidy: 9,6 g; Bielkoviny: 4,4 g

Ingrediencie

3 lyžice vegánskeho masla

1 biela cibuľa, nakrájaná

1 červená paprika, nasekaná

1/2 lyžičky cesnaku, lisovaného

3 šálky krémových húb, nasekaných

2 lyžice mandľovej múky

3 šálky vody

1 čajová lyžička talianskej bylinnej zmesi

Morská soľ a mleté čierne korenie podľa chuti

1 vrchovatá polievková lyžica čerstvej pažítky, nasekanej nahrubo

inštrukcie

V hrnci rozpustite vegánske maslo na stredne vysokej teplote. Po zahriatí opražte cibuľu a papriku do mäkka, asi 3 minúty.

Pridajte cesnak a cremini huby a pokračujte v restovaní, kým huby nezmäknú. Prisypte mandľovú múku na huby a pokračujte vo varení asi 1 minútu.

Pridajte zvyšok ingrediencií. Prikryjeme a dusíme ďalších 5 až 6 minút, kým tekutina mierne nezhustne.

Nalejte do troch polievkových misiek a ozdobte čerstvou pažítkou. Dobrú chuť!

Zemiaková krémová polievka s bylinkami

(Hotové asi za 40 minút | 4 porcie)

Na porciu: Kalórie: 400; tuk: 9 g; sacharidy: 68,7 g; Vaječný bielok: 13,4 g

Ingrediencie

2 lyžice olivového oleja

1 cibuľa, nakrájaná

1 palica zeleru, nasekaná

4 veľké zemiaky, ošúpané a nakrájané

2 strúčiky cesnaku, nasekané

1 lyžička čerstvej bazalky, nasekaná

1 lyžička čerstvej petržlenovej vňate, nasekanej

1 lyžička čerstvého rozmarínu, nasekaného

1 vavrín

1 lyžička mletého nového korenia

4 šálky zeleninového vývaru

Soľ a čerstvo mleté čierne korenie podľa chuti

2 lyžice nasekanej čerstvej pažítky

inštrukcie

V hrnci s hrubým dnom zohrejte olivový olej na stredne vysokej teplote. Po zahriatí opražte cibuľu, zeler a zemiaky asi 5 minút a pravidelne miešajte.

Pridajte cesnak, bazalku, petržlenovú vňať, rozmarín, bobkový list a nové korenie a restujte ešte 1 minútu alebo kým nebude voňavý.

Teraz pridajte zeleninový vývar, soľ a čierne korenie a rýchlo priveďte do varu. Okamžite znížte teplotu na mierny var a nechajte variť asi 30 minút.

Pomocou tyčového mixéra rozmixujte polievku na krémovú a hladkú.

Polievku zohrejte a podávajte s čerstvou pažítkou. Dobrú chuť!

Quinoa avokádový šalát

(Hotové asi za 15 minút + čas chladenia | 4 porcie)

Na porciu: Kalórie: 399; tuk: 24,3 g; sacharidy: 38,5 g; Bielkoviny: 8,4 g

Ingrediencie

1 šálka quinoa, opláchnutá

1 cibuľa, nakrájaná

1 paradajka, nakrájaná na kocky

2 pečené papriky, nakrájané na pásiky

2 lyžice petržlenovej vňate, nasekanej

2 lyžice bazalky, nasekanej

1/4 šálky extra panenského olivového oleja

2 lyžice červeného vínneho octu

2 lyžice citrónovej šťavy

1/4 lyžičky kajenského korenia

Morská soľ a čerstvo mleté čierne korenie na dochutenie

1 avokádo, olúpané, odkôstkované a nakrájané na plátky

1 lyžica sezamových semienok, opečené

inštrukcie

Vložte vodu a quinou do hrnca a priveďte do varu. Okamžite otočte oheň do varu.

Dusíme, kým quinoa neabsorbuje všetku vodu, asi 13 minút; Quinou načechráme vidličkou a necháme úplne vychladnúť. Potom vložte quinou do šalátovej misy.

Do šalátovej misy vložte cibuľu, paradajky, pečenú papriku, petržlenovú vňať a bazalku. V inej malej miske rozšľaháme olivový olej, ocot, citrónovú šťavu, kajenské korenie, soľ a čierne korenie.

Šalát oblečte a premiešajte, aby sa dobre spojil. Navrch položte plátky avokáda a ozdobte opečenými sezamovými semienkami.

Dobrú chuť!

Tabbouleh šalát s tofu

(Hotové asi za 20 minút + čas chladenia | 4 porcie)

Na porciu: Kalórie: 379; tuk: 18,3 g; sacharidy: 40,7 g; Bielkoviny: 19,9 g

Ingrediencie

1 šálka pšeničného bulguru

2 paradajky San Marzano, nakrájané na plátky

1 perzská uhorka nakrájaná na tenké plátky

2 lyžice bazalky, nasekanej

2 lyžice petržlenovej vňate, nasekanej

4 jarné cibuľky, nakrájané

2 šálky rukoly

2 šálky baby špenátu natrhaného na kúsky

4 lyžice tahini

4 lyžice citrónovej šťavy

1 lyžica sójovej omáčky

1 lyžička čerstvého cesnaku, lisovaného

Morská soľ a mleté čierne korenie podľa chuti

12 uncí údeného tofu, nakrájaného na kocky

inštrukcie

V hrnci priveďte do varu 2 šálky vody a bulgur. Okamžite znížte oheň a varte asi 20 minút, alebo kým bulgur nezmäkne a voda sa takmer nevstrebe. Načechrajte vidličkou a rozložte na veľký plech, aby vychladol.

Vložte bulgur do šalátovej misy, potom paradajky, uhorku, bazalku, petržlenovú vňať, cibuľku, rukolu a špenát.

V malej miske vyšľaháme tahini, citrónovú šťavu, sójovú omáčku, cesnak, soľ a čierne korenie. Šalát oblečte a premiešajte.

Šalát ozdobte údeným tofu a podávajte pri izbovej teplote. Dobrú chuť!

Záhradný cestovinový šalát

(Hotové asi za 10 minút + čas chladenia | 4 porcie)

Na porciu: Kalórie: 479; tuk: 15 g; sacharidy: 71,1 g; Vaječný bielok: 14,9 g

Ingrediencie

12 uncí rotini cestovín

1 malá cibuľa, nakrájaná na tenké plátky

1 šálka cherry paradajok, rozpolená

1 paprika, nasekaná

1 paprička jalapeňo, nasekaná

1 ČL kapary, scedené

2 šálky ľadového šalátu natrhaného na kúsky

2 lyžice čerstvej petržlenovej vňate, nasekanej

2 lyžice čerstvého koriandra, nasekaného

2 lyžice čerstvej bazalky, nasekanej

1/4 šálky olivového oleja

2 lyžice jablčného octu

1 lyžička cesnaku, prelisovaného

Košer soľ a mleté čierne korenie podľa chuti

2 polievkové lyžice výživného droždia

2 lyžice píniových oriešok, opražených a nasekaných d

inštrukcie

Rezance uvaríme podľa návodu na obale. Scedíme a prepláchneme rezance. Nechajte úplne vychladnúť a potom preložte do šalátovej misy.

Potom do šalátovej misy pridajte cibuľu, paradajky, papriku, kapary, šalát, petržlenovú vňať, koriandr a bazalku.

Vyšľahajte olivový olej, ocot, cesnak, soľ, čierne korenie a výživné droždie. Šalát podávame a ozdobíme opečenými píniovými orieškami. Dobrú chuť!

Tradičný ukrajinský boršč

(Hotové asi za 40 minút | 4 porcie)

Na porciu: Kalórie: 367; tuk: 9,3 g; sacharidy: 62,7 g; Vaječný bielok: 12,1 g

Ingrediencie

2 lyžice sezamového oleja

1 červená cibuľa, nakrájaná

2 mrkvy, očistené a nakrájané

2 veľké repy, olúpané a nakrájané na plátky

2 veľké zemiaky, ošúpané a nakrájané na kocky

4 šálky zeleninového vývaru

2 strúčiky cesnaku, nasekané

1/2 lyžičky rasce

1/2 lyžičky zelerových semienok

1/2 lyžičky semien feniklu

1 libra červenej kapusty, nastrúhaná

1/2 čajovej lyžičky zmiešaného korenia, čerstvo nalámaného

Košer soľ podľa chuti

2 bobkové listy

2 lyžice vínneho octu

inštrukcie

V holandskej rúre zohrejte sezamový olej na miernom plameni. Po zahriatí opražte cibuľu, kým nebude mäkká a priehľadná, asi 6 minút.

Pridajte mrkvu, repu a zemiaky a duste ďalších 10 minút, pričom pravidelne prilievajte zeleninový vývar.

Potom vmiešame cesnak, rascu, zelerové semienka, fenikel a restujeme ďalších 30 sekúnd.

Pridajte kapustu, zmiešané korenie, soľ a bobkové listy. Zalejeme zvyškom vývaru a privedieme do varu.

Okamžite znížte oheň a varte ďalších 20 až 23 minút, kým zelenina nezmäkne.

Nalejte do jednotlivých misiek a pokvapkajte vínnym octom. Podávajte a užívajte si!

Šošovicový šalát Beluga

(Hotové asi za 20 minút + čas chladenia | 4 porcie)

Na porciu: Kalórie: 338; tuk: 16,3 g; sacharidy: 37,2 g; Bielkoviny: 13 g

Ingrediencie

1 šálka šošovice beluga, opláchnutá

1 perzská uhorka, nakrájaná na plátky

1 veľká paradajka, nakrájaná na plátky

1 červená cibuľa, nakrájaná

1 paprika, nakrájaná na plátky

1/4 šálky čerstvej bazalky, nasekanej

1/4 šálky čerstvej talianskej petržlenovej vňate, nasekanej

2 unce zelených olív, zbavených kôstok a nakrájaných na plátky

1/4 šálky olivového oleja

4 lyžice citrónovej šťavy

1 lyžička lahôdkovej horčice

1/2 lyžičky cesnaku, nasekaného

1/2 lyžičky vločiek červenej papriky, rozdrvených

Morská soľ a mleté čierne korenie podľa chuti

inštrukcie

Vo veľkom hrnci priveďte do varu 3 šálky vody a 1 šálku šošovice.

Okamžite zapnite oheň a varte šošovicu ďalších 15 až 17 minút, alebo kým nebude mäkká, ale nie kašovitá. Scedíme a necháme úplne vychladnúť.

Premiestnite šošovicu do šalátovej misy; Pridajte uhorky, paradajky, cibuľu, papriku, bazalku, petržlenovú vňať a olivy.

V malej miske vyšľaháme olivový olej, citrónovú šťavu, horčicu, cesnak, papriku, soľ a čierne korenie.

Šalát oblečte, premiešajte a podávajte dobre vychladený. Dobrú chuť!

Naan šalát na indický spôsob

(Hotové asi za 10 minút | 3 porcie)

Na porciu: Kalórie: 328; tuk: 17,3 g; sacharidy: 36,6 g; Bielkoviny: 6,9 g

Ingrediencie

3 lyžice sezamového oleja

1 lyžička zázvoru, ošúpaného a nasekaného

1/2 lyžičky rasce

1/2 lyžičky horčičných semienok

1/2 lyžičky zmiešaného korenia

1 lyžica kari listov

3 chleby naan, nalámané na kúsky veľkosti sústa

1 šalotka, nasekaná

2 paradajky, nakrájané

Himalájska soľ podľa chuti

1 lyžica sójovej omáčky

inštrukcie

Zahrejte 2 polievkové lyžice sezamového oleja na nepriľnavej panvici na stredne vysokej teplote.

Orestujte zázvor, rascu, horčičné semienka, zmiešané korenie a kari listy, kým nebudú voňavé, asi 1 minútu.

Vmiešajte naan chleby a pokračujte vo varení za pravidelného miešania, kým nie sú zlatohnedé a dobre pokryté korením.

Vložte šalotku a paradajky do šalátovej misy; Zmiešajte soľ, sójovú omáčku a zvyšnú 1 lyžicu sezamového oleja.

Umiestnite pečený naan na vrch šalátu a podávajte pri izbovej teplote. Užite si to!

Pečený paprikový šalát na grécky spôsob

(Hotové asi za 10 minút | 2 porcie)

Na porciu: Kalórie: 185; tuk: 11,5 g; sacharidy: 20,6 g; Bielkoviny: 3,7 g

Ingrediencie

2 červené papriky

2 žlté papriky

2 strúčiky cesnaku, prelisované

4 čajové lyžičky extra panenského olivového oleja

1 lyžica kapary, opláchnuté a scedené

2 lyžice červeného vínneho octu

Morská soľ a mletá paprika podľa chuti

1 lyžička čerstvého kôpru, nasekaného

1 lyžička čerstvého oregana, nasekaného

1/4 šálky olív Kalamata, zbavených kôstok a nakrájaných na plátky inštrukcie

Papriky opekajte na plechu vystlanom papierom na pečenie, pričom panvicu v polovici varenia otáčajte, kým zo všetkých strán nezuhoľnatejú, asi 10 minút.

Potom papriky prikryte plastovým obalom, aby sa sparili.
Vyhoďte šupku, semienka a jadierka.

Papriku nakrájajte na prúžky a vložte do šalátovej misy. Pridajte zvyšné ingrediencie a všetko premiešajte, aby sa dobre spojili.

Umiestnite do chladničky, kým nebudete pripravené na podávanie. Dobrú chuť!

Fazuľová a zemiaková polievka

(Hotové asi za 30 minút | 4 porcie)

Na porciu: Kalórie: 266; tuk: 7,7 g; sacharidy: 41,3 g; Bielkoviny: 9,3 g

Ingrediencie

2 lyžice olivového oleja

1 cibuľa, nakrájaná

1 libra zemiakov, ošúpaných a nakrájaných na kocky

1 stredná stonka zeleru, nakrájaná

2 strúčiky cesnaku, nasekané

1 lyžička papriky

4 šálky vody

2 polievkové lyžice vegánskeho bujónového prášku

16 uncí konzervovaných fazúľ, scedených

2 šálky baby špenátu

Morská soľ a mleté čierne korenie podľa chuti

inštrukcie

V hrnci s hrubým dnom zohrejte olivy na stredne vysokej teplote. Teraz opečte cibuľu, zemiaky a zeler asi 5 minút, alebo kým cibuľa nie je priehľadná a mäkká.

Pridajte cesnak a restujte 1 minútu alebo kým nebude voňavý.

Potom pridajte paprikový prášok, vodu a vegánsky bujónový prášok a priveďte do varu. Okamžite znížte teplotu na mierny var a nechajte variť 15 minút.

Zložte fazuľu a špenát; ďalej dusíme asi 5 minút, kým sa všetko nezohreje. Dochutíme soľou a čiernym korením.

Nalejte do jednotlivých misiek a podávajte horúce. Dobrú chuť!

Zimný quinoa šalát s kyslou uhorkou

(Hotové asi za 20 minút + čas chladenia | 4 porcie)

Na porciu: Kalórie: 346; tuk: 16,7 g; sacharidy: 42,6 g; Bielkoviny: 9,3 g

Ingrediencie

1 šálka quinoa

4 strúčiky cesnaku, nasekané

2 nakladané uhorky, nasekané

10 uncí konzervovanej červenej papriky, nakrájanej

1/2 šálky zelených olív zbavených kôstok a nakrájaných na plátky

2 šálky kelu, nastrúhaného

2 šálky ľadového šalátu natrhaného na kúsky

4 nakladané chilli papričky, nasekané

4 lyžice olivového oleja

1 lyžica citrónovej šťavy

1 čajová lyžička citrónovej kôry

1/2 lyžičky sušeného majoránu

Morská soľ a mleté čierne korenie podľa chuti

1/4 šálky čerstvej pažítky, nahrubo nasekanej

inštrukcie

Vložte dve šálky vody a quinou do hrnca a priveďte do varu. Okamžite otočte oheň do varu.

Dusíme, kým quinoa neabsorbuje všetku vodu, asi 13 minút; Quinou načechráme vidličkou a necháme úplne vychladnúť. Potom vložte quinou do šalátovej misy.

Do šalátovej misy vložte cesnak, uhorky, papriku, olivy, kapustu, šalát a nakladané čili a premiešajte, aby sa spojili.

V malej miske si pripravte dresing tak, že vyšľaháte zvyšné ingrediencie. Šalát oblečte, dobre premiešajte a ihneď podávajte. Dobrú chuť!

Polievka z pečených húb

(Pripravené asi za 55 minút | 3 porcie)

Na porciu: Kalórie: 313; tuk: 23,5 g; sacharidy: 14,5 g; Vaječný bielok: 14,5 g

Ingrediencie

3 lyžice sezamového oleja

1 libra zmiešaných lesných húb, nakrájaných na plátky

1 biela cibuľa, nakrájaná

3 strúčiky cesnaku, nakrájané a rozdelené

2 vetvičky tymiánu, nasekané

2 vetvičky rozmarínu, nasekané

1/4 šálky ľanového semienka

1/4 šálky suchého bieleho vína

3 šálky zeleninového vývaru

1/2 lyžičky červených chilli vločiek

Cesnaková soľ a čerstvo mleté čierne korenie podľa chuti

inštrukcie

Začnite predhriatím rúry na 395 stupňov F.

Položte huby v jednej vrstve na plech na pečenie vystlaný pergamenom. Huby pokvapkáme 1 lyžicou sezamového oleja.

Huby pečte v predhriatej rúre asi 25 minút alebo do mäkka.

Zvyšné 2 polievkové lyžice sezamového oleja zohrejte v hrnci na stredne vysokú teplotu. Potom cibuľu restujte asi 3 minúty alebo kým nebude mäkká a priehľadná.

Potom pridajte cesnak, tymian a rozmarín a pokračujte v restovaní, kým nebude aromatická, asi 1 minútu. Všetko posypeme ľanovou múkou.

Pridajte zvyšné ingrediencie a varte ďalších 10 až 15 minút alebo kým sa neuvaria.

Vmiešame opečené huby a dusíme ďalších 12 minút. Nalejte do polievkových misiek a podávajte horúce. Užite si to!

Zelená fazuľová polievka v stredomorskom štýle

(Hotové asi za 25 minút | 5 porcií)

Na porciu: Kalórie: 313; tuk: 23,5 g; sacharidy: 14,5 g; Vaječný bielok: 14,5 g

Ingrediencie

2 lyžice olivového oleja

1 cibuľa, nakrájaná

1 zeler s listami, nasekaný

1 mrkva, nakrájaná

2 strúčiky cesnaku, nasekané

1 cuketa, nakrájaná

5 šálok zeleninového vývaru

1 ¼ lb zelenej fazuľky, orezané a nakrájané na kúsky veľkosti sústa

2 stredné paradajky, roztlačené

Morská soľ a čerstvo mleté čierne korenie podľa chuti

1/2 lyžičky kajenského korenia

1 lyžička oregano

1/2 lyžičky sušeného kôpru

1/2 šálky olív Kalamata, zbavených kôstok a nakrájaných na plátky

inštrukcie

V hrnci s hrubým dnom zohrejte olivy na stredne vysokej teplote. Teraz restujte cibuľu, zeler a mrkvu asi 4 minúty alebo kým zelenina nezmäkne.

Pridajte cesnak a cuketu a restujte 1 minútu, alebo kým nebudú voňavé.

Potom vmiešajte zeleninový vývar, zelené fazuľky, paradajky, soľ, čierne korenie, kajenské korenie, oregano a sušený kôpor; priviesť do varu. Okamžite znížte teplotu na mierny var a nechajte variť asi 15 minút.

Nalejte do jednotlivých misiek a podávajte s nakrájanými olivami. Dobrú chuť!

mrkvová krémová polievka

(Hotové asi za 30 minút | 4 porcie)

Na porciu: Kalórie: 333; tuk: 23 g; sacharidy: 26 g; Vaječný bielok: 8,5 g

Ingrediencie

2 lyžice sezamového oleja

1 cibuľa, nakrájaná

1 ½ libry mrkvy, orezanej a nasekanej

1 paštrnák, nasekaný

2 strúčiky cesnaku, nasekané

1/2 lyžičky kari

Morská soľ a kajenské korenie podľa chuti

4 šálky zeleninového vývaru

1 hrnček plnotučného kokosového mlieka

inštrukcie

V hrnci s hrubým dnom zohrejte sezamový olej na stredne vysokej teplote. Cibuľu, mrkvu a paštrnák teraz orestujte asi 5 minút za občasného miešania.

Pridajte cesnak a restujte 1 minútu alebo kým nebude voňavý.

Potom vmiešajte kari, soľ, kajenské korenie a zeleninový vývar; rýchlo privedieme do varu. Okamžite znížte teplotu na mierny var a varte 18 až 20 minút.

Pomocou tyčového mixéra rozmixujte polievku na krémovú a hladkú.

Rozmixovanú zmes vráťte do hrnca. Pridáme kokosové mlieko a ďalej dusíme, kým sa nezohreje, alebo ešte asi 5 minút.

Nalejte do štyroch misiek a podávajte horúce. Dobrú chuť!

Taliansky pizzový šalát od Nonny

(Hotové asi za 15 minút + čas chladenia | 4 porcie)

Na porciu: Kalórie: 595; tuk: 17,2 g; sacharidy: 93 g; Bielkoviny: 16 g

Ingrediencie

1 libra makarónov

1 šálka marinovaných húb, nakrájaných na plátky

1 šálka hroznových paradajok, na polovicu

4 lyžice nasekanej jarnej cibuľky

1 lyžička cesnaku, nasekaný

1 talianska paprika, nakrájaná na plátky

1/4 šálky extra panenského olivového oleja

1/4 šálky balzamikového octu

1 čajová lyžička sušeného oregana

1 lyžička sušenej bazalky

1/2 lyžičky sušeného rozmarínu

Morská soľ a kajenské korenie podľa chuti

1/2 šálky čiernych olív, nakrájaných na plátky

inštrukcie

Rezance uvaríme podľa návodu na obale. Scedíme a prepláchneme rezance. Nechajte úplne vychladnúť a potom preložte do šalátovej misy.

Potom pridajte zvyšné ingrediencie a miešajte, kým sa makaróny dobre nepotiahnu.

Ochutnajte a upravte korenie; Vložte pizzový šalát do chladničky, kým nie je pripravený na použitie. Dobrú chuť!

Krémová zlatá zeleninová polievka

(Hotové asi za 45 minút | 4 porcie)

Na porciu: Kalórie: 550; tuk: 27,2 g; sacharidy: 70,4 g; Vaječný bielok: 13,2 g

Ingrediencie

2 lyžice avokádového oleja

1 žltá cibuľa, nakrájaná

2 zemiaky Yukon Gold, ošúpané a nakrájané na kocky

2 libry maslovej tekvice ošúpanej, zbavenej semienok a nakrájanej na kocky

1 paštrnák očistený a nakrájaný na plátky

1 lyžička zázvorovo-cesnakovej pasty

1 lyžička prášku z kurkumy

1 čajová lyžička semien feniklu

1/2 lyžičky čili prášku

1/2 lyžičky korenia na tekvicový koláč

Košer soľ a mleté čierne korenie podľa chuti

3 šálky zeleninového vývaru

1 hrnček plnotučného kokosového mlieka

2 lyžice pepitas

inštrukcie

V hrnci s hrubým dnom zohrejte olej na stredne vysokej teplote. Teraz opečte cibuľu, zemiaky, tekvicu a paštrnák asi 10 minút a pravidelne miešajte, aby sa zabezpečilo rovnomerné varenie.

Pridajte zázvorovo-cesnakovú pastu a restujte 1 minútu alebo kým nebude voňavá.

Potom vmiešajte kurkumu, semienka feniklu, čili prášok, korenie na tekvicový koláč, soľ, čierne korenie a zeleninový vývar; priviesť do varu. Okamžite znížte teplotu na mierny var a nechajte variť asi 25 minút.

Pomocou tyčového mixéra rozmixujte polievku na krémovú a hladkú.

Rozmixovanú zmes vráťte do hrnca. Pridáme kokosové mlieko a ďalej dusíme, kým sa nezohreje, alebo ešte asi 5 minút.

Nalejte do jednotlivých misiek a podávajte ozdobené Pepitas. Dobrú chuť!

Pečená karfiolová polievka

(Hotové asi za 1 hodinu | Porcie 4)

Na porciu: Kalórie: 310; tuk: 24 g; sacharidy: 16,8 g; Bielkoviny: 11,8 g

Ingrediencie

1 ½ libry ružičiek karfiolu

4 lyžice olivového oleja

1 cibuľa, nakrájaná

2 strúčiky cesnaku, nasekané

1/2 lyžičky zázvoru, ošúpaného a nasekaného

1 lyžička čerstvého rozmarínu, nasekaného

2 lyžice čerstvej bazalky, nasekanej

2 lyžice čerstvej petržlenovej vňate, nasekanej

4 šálky zeleninového vývaru

Morská soľ a mleté čierne korenie podľa chuti

1/2 lyžičky mletého sumachu

1/4 šálky tahini

1 citrón, čerstvo vytlačený

inštrukcie

Začnite predhriatím rúry na 425 stupňov F. Karfiol pokvapkajte 2 lyžicami olivového oleja a položte na panvicu vystlanú pergamenom.

Potom ružičky karfiolu restujte asi 30 minút, raz alebo dvakrát premiešajte, aby ste podporili rovnomerné varenie.

Medzitým v hrnci s hrubým dnom zohrejte zvyšné 2 lyžice olivového oleja na stredne vysokú teplotu. Teraz opražte cibuľu, kým nebude mäkká a priehľadná, asi 4 minúty.

Pridajte cesnak, zázvor, rozmarín, bazalku a petržlenovú vňať a restujte 1 minútu alebo kým nebude voňavá.

Potom vmiešame zeleninový vývar, soľ, čierne korenie a sumach a privedieme do varu. Okamžite znížte teplotu na mierny var a nechajte variť asi 20 až 22 minút.

Pomocou tyčového mixéra rozmixujte polievku na krémovú a hladkú.

Rozmixovanú zmes vráťte do hrnca. Zložte tahini a pokračujte vo varení, asi 5 minút alebo do varenia.

Nalejte do jednotlivých misiek, ozdobte citrónovou šťavou a podávajte horúce. Užite si to!

ZELENINA A PRÍLOHY

Artičoky dusené na víne a citróne

(Hotové asi za 35 minút | 4 porcie)

Na porciu: Kalórie: 228; tuk: 15,4 g; sacharidy: 19,3 g; Bielkoviny: 7,2 g

Ingrediencie

1 veľký citrón, čerstvo vytlačený

1,5 kila artičokov, orezané, pevné vonkajšie listy a drozdy odstránené

2 polievkové lyžice lístkov mäty, nasekaných nadrobno

2 lyžice koriandrových listov, jemne nasekaných

2 polievkové lyžice lístkov bazalky, nasekaných nadrobno

2 strúčiky cesnaku, nasekané

1/4 šálky suchého bieleho vína

1/4 šálky extra panenského olivového oleja a viac na pokvapkanie

Morská soľ a čerstvo mleté čierne korenie podľa chuti

inštrukcie

Naplňte misku vodou a pridajte citrónovú šťavu. Očistené artičoky vložte do misy a nechajte ich úplne ponorené.

V inej malej miske dôkladne premiešajte bylinky a cesnak. Potrite si artičoky bylinkovou zmesou.

Nalejte víno a olivový olej do hrnca; vložte artičoky do hrnca. Znížte teplotu na mierny oheň a prikryté varte, kým artičoky nie sú chrumkavé, asi 30 minút.

Pri podávaní pokvapkajte artičoky šťavou z panvice, dochuťte soľou a čiernym korením a vychutnajte si!

. Pečená mrkva s bylinkami

(Hotové asi za 25 minút | 4 porcie)

Na porciu: Kalórie: 217; tuk: 14,4 g; sacharidy: 22,4 g; Bielkoviny: 2,3 g

Ingrediencie

2 libry mrkvy, orezané a rozpolené pozdĺžne

4 lyžice olivového oleja

1 lyžička granulovaného cesnaku

1 lyžička papriky

Morská soľ a čerstvo mleté čierne korenie

2 lyžice čerstvého koriandra, nasekaného

2 lyžice čerstvej petržlenovej vňate, nasekanej

2 lyžice čerstvej pažítky, nasekanej

inštrukcie

Začnite predhriatím rúry na 400 stupňov F.

Mrkvu zmiešame s olivovým olejom, granulovaným cesnakom, paprikou, soľou a čiernym korením. Poukladajte ich v jednej vrstve na plech na pečenie vystlaný pergamenom.

Mrkvu opekáme v predhriatej rúre do mäkka, asi 20 minút.

Mrkvu zmiešame s čerstvými bylinkami a ihneď podávame.

Dobrú chuť!

Jednoduché dusené zelené fazuľky

(Hotové asi za 15 minút | 4 porcie)

Na porciu: Kalórie: 207; tuk: 14,5 g; sacharidy: 16,5 g; Bielkoviny: 5,3 g

Ingrediencie

4 lyžice olivového oleja

1 mrkva, nakrájaná na zápalky

1 ½ libry zelenej fazuľky, orezané

4 strúčiky cesnaku, olúpané

1 vavrín

1 ½ šálky zeleninového vývaru

Morská soľ a mleté čierne korenie podľa chuti

1 citrón, nakrájaný na kolieska

inštrukcie

Zohrejte olivový olej v hrnci na strednom plameni. Keď sú horúce, mrkvu a zelenú fazuľku restujte asi 5 minút a pravidelne miešajte, aby ste podporili rovnomerné varenie.

Pridajte cesnak a bobkové listy a restujte ďalšiu minútu alebo kým nebudú voňavé.

Pridáme vývar, soľ a čierne korenie a prikryté ďalej dusíme asi 9 minút, alebo kým zelené fazuľky nezmäknú.

Ochutnáme, okoreníme a podávame s kolieskami citróna. Dobrú chuť!

Dusený kel so sezamom

(Hotové asi za 10 minút | 4 porcie)

Na porciu: Kalórie: 247; tuk: 19,9 g; sacharidy: 13,9 g; Bielkoviny: 8,3 g

Ingrediencie

1 šálka zeleninového vývaru

1 libra kapusty, očistená, zbavená tvrdých stopiek, nastrúhaná

4 lyžice olivového oleja

6 nasekaných strúčikov cesnaku

1 lyžička papriky

Košer soľ a mleté čierne korenie podľa chuti

4 polievkové lyžice sezamových semienok, jemne opražených

inštrukcie

V hrnci priveďte zeleninový vývar do varu; Pridajte listy kelu a stlmte oheň na miernom ohni. Varte, kým kel nezmäkne, asi 5 minút; Rezervácie.

V tom istom hrnci zohrejte olej na strednom ohni. Keď je cesnak horúci, restujte ho asi 30 sekúnd alebo kým nebude voňavý.

Pridajte rezervovaný kel, papriku, soľ a čierne korenie a nechajte ešte pár minút povariť, alebo kým sa neprehreje.

Ozdobte jemne opraženými sezamovými semienkami a ihneď podávajte. Dobrú chuť!

Vyprážaná zimná zelenina

(Hotové asi za 45 minút | 4 porcie)

Na porciu: Kalórie: 255; tuk: 14 g; sacharidy: 31 g; Bielkoviny: 3 g

Ingrediencie

1/2 libry mrkvy, nakrájané na 1-palcové kúsky

1/2 libry paštrnáka, nakrájaného na 1-palcové kúsky

1/2 libry zeleru, nakrájaného na 1-palcové kúsky

1/2 libry sladkých zemiakov nakrájaných na 1-palcové kúsky

1 veľká cibuľa, nakrájaná na kolieska

1/4 šálky olivového oleja

1 lyžička vločiek červenej papriky

1 lyžička sušenej bazalky

1 čajová lyžička sušeného oregana

1 lyžička sušeného tymiánu

Morská soľ a čerstvo mleté čierne korenie

inštrukcie

Začnite predhriatím rúry na 420 stupňov F.

Zmiešajte zeleninu s olivovým olejom a korením. Poukladajte ich na panvicu vystlanú pergamenom.

Restujeme asi 25 minút. Zeleninu premiešajte a varte ďalších 20 minút.

Dobrú chuť!

Tradičný marocký tagine

(Hotové asi za 30 minút | 4 porcie)

Na porciu: Kalórie: 258; tuk: 12,2 g; sacharidy: 31 g; Bielkoviny: 8,1 g

Ingrediencie

3 lyžice olivového oleja

1 veľká šalotka, nasekaná

1 lyžička zázvoru, ošúpaného a nasekaného

4 strúčiky cesnaku, nasekané

2 stredné mrkvy, orezané a nakrájané

2 stredné paštrnáky, orezané a nasekané

2 stredné sladké zemiaky, ošúpané a nakrájané na kocky

Morská soľ a mleté čierne korenie podľa chuti

1 lyžička horúcej omáčky

1 lyžička senovky gréckej

1/2 lyžičky šafranu

1/2 lyžičky rasce

2 veľké paradajky, pyré

4 šálky zeleninového vývaru

1 citrón, nakrájaný na kolieska

inštrukcie

V holandskej rúre zohrejte olivový olej na stredne vysokej teplote. Keď je šalotka horúca, orestujte ju do mäkka, 4 až 5 minút.

Potom dusíme zázvor a cesnak asi 40 sekúnd alebo kým nebude aromatický.

Pridáme ostatné ingrediencie okrem citróna a privedieme do varu. Okamžite otočte oheň do varu.

Dusíme asi 25 minút alebo kým zelenina nezmäkne. Podávajte s kúskami čerstvého citrónu a užívajte si!

Panvica na čínsku kapustu

(Hotové asi za 10 minút | 3 porcie)

Na porciu: Kalórie: 228; tuk: 20,7 g; sacharidy: 9,2 g; Bielkoviny: 4,4 g

Ingrediencie

3 lyžice sezamového oleja

1 libra čínskej kapusty, nakrájaná na plátky

1/2 čajovej lyžičky čínskeho prášku z piatich korení

Košer soľ podľa chuti

1/2 lyžičky sečuánskeho korenia

2 lyžice sójovej omáčky

3 lyžice sezamových semienok, zľahka opečených

inštrukcie

Vo woku zohrejte sezamový olej, kým nezačne prskať. Kapustu za stáleho miešania opekáme asi 5 minút.

Primiešame koreniny a sójovú omáčku a varíme za častého miešania, kým kapusta nie je chrumkavá a aromatická, asi 5 minút.

Navrch posypte sezamové semienka a ihneď podávajte.

Dusený karfiol so sezamom

(Hotové asi za 15 minút | 4 porcie)

Na porciu: Kalórie: 217; tuk: 17 g; sacharidy: 13,2 g; Bielkoviny: 7,1 g

Ingrediencie

1 šálka zeleninového vývaru

1 ½ libry ružičiek karfiolu

4 lyžice olivového oleja

2 stonky jarnej cibuľky, nakrájané

4 strúčiky cesnaku, nasekané

Morská soľ a čerstvo mleté čierne korenie podľa chuti

2 polievkové lyžice sezamových semienok, jemne opražených

inštrukcie

Vo veľkom hrnci priveďte zeleninový vývar do varu; potom pridajte karfiol a varte asi 6 minút alebo do mäkka; Rezervácie.

Potom zohrejte olivový olej, kým nezačne prskať; Teraz opečte cibuľku a cesnak asi 1 minútu alebo kým nebudú mäkké a aromatické.

Pridajte odložený karfiol, potom soľ a čierne korenie; ďalej dusíme asi 5 minút alebo kým sa neprehreje

Ozdobte opraženými sezamovými semienkami a ihneď podávajte. Dobrú chuť!

Sladké mrkvové pyré

(Hotové asi za 25 minút | 4 porcie)

Na porciu: Kalórie: 270; tuk: 14,8 g; sacharidy: 29,2 g; Vaječný bielok: 4,5 g

Ingrediencie

1 ½ libry mrkvy, orezanej

3 lyžice vegánskeho masla

1 šálka cibuľky, nakrájanej na plátky

1 lyžica javorového sirupu

1/2 lyžičky cesnakového prášku

1/2 lyžičky mletého nového korenia

morská soľ podľa chuti

1/2 šálky sójovej omáčky

2 lyžice čerstvého koriandra, nasekaného

inštrukcie

Mrkvu dusíme do mäkka, asi 15 minút; dobre odkvapkať.

Na panvici rozpustíme maslo, kým nezačne prskať. Teraz znížte teplo, aby ste udržali trvalé prskanie.

Teraz varte jarnú cibuľku, kým nie je mäkká. Pridajte javorový sirup, cesnakový prášok, mleté nové korenie, soľ a sójovú omáčku, asi 10 minút alebo kým neskaramelizuje.

Pridajte karamelizovanú jarnú cibuľku do kuchynského robota; pridajte mrkvu a premiešajte ingrediencie, kým sa dobre nespoja.

Podávame ozdobené čerstvým koriandrom. Užite si to!

Dusená repa

(Hotové asi za 15 minút | 4 porcie)

Na porciu: Kalórie: 140; tuk: 8,8 g; sacharidy: 13 g; Bielkoviny: 4,4 g

Ingrediencie

2 lyžice olivového oleja

1 cibuľa, nakrájaná na plátky

2 strúčiky cesnaku, nakrájané na plátky

1 ½ libry okrúhlice očistenej a nasekanej

1/4 šálky zeleninového vývaru

1/4 šálky suchého bieleho vína

1/2 čajovej lyžičky sušeného oregana

1 lyžička sušených petržlenových vločiek

Košer soľ a mleté čierne korenie podľa chuti

inštrukcie

Na panvici zohrejte olivový olej na stredne vysokej teplote.

Teraz cibuľu restujte 3 až 4 minúty alebo kým nebude mäkká a priehľadná. Pridajte cesnak a varte ďalších 30 sekúnd alebo kým nebude voňavý.

Vmiešajte zelenú repu, vývar, víno, oregano a petržlen; Pečte ďalších 6 minút alebo do úplného splasknutia.

Dochutíme soľou a čiernym korením a podávame teplé. Dobrú chuť!

Zlatá zemiaková kaša Yukon

(Hotové asi za 25 minút | 5 porcií)

Na porciu: Kalórie: 221; tuk: 7,9 g; sacharidy: 34,1 g; Bielkoviny: 4,7 g

Ingrediencie

2 libry zemiakov Yukon Gold, olúpané a nakrájané na kocky

1 strúčik cesnaku, prelisovaný

Morská soľ a paprikové vločky podľa chuti

3 lyžice vegánskeho masla

1/2 šálky sójového mlieka

2 lyžice jarnej cibuľky, nakrájanej na plátky

inštrukcie

Zemiaky zakryte jedným alebo dvoma centimetrami studenej vody. Zemiaky varíme v mierne vriacej vode asi 20 minút.

Potom zemiaky roztlačte spolu s cesnakom, soľou, paprikou, maslom a mliekom na požadovanú konzistenciu.

Podávame ozdobené čerstvou jarnou cibuľkou. Dobrú chuť!

Aromatický dusený švajčiarsky mangold

(Hotové asi za 15 minút | 4 porcie)

Na porciu: Kalórie: 124; tuk: 6,7 g; sacharidy: 11,1 g; Vaječný bielok: 5 g

Ingrediencie

2 lyžice vegánskeho masla

1 cibuľa, nakrájaná

2 strúčiky cesnaku, nakrájané na plátky

Morská soľ a mleté čierne korenie na dochutenie

1 ½ libry mangold, natrhaný na kúsky, pevné stonky odstránené

1 šálka zeleninového vývaru

1 bobkový list

1 vetvička tymiánu

2 vetvičky rozmarínu

1/2 lyžičky horčičných semienok

1 lyžička zelerových semienok

inštrukcie

V hrnci rozpustite na strednom ohni vegánske maslo.

Potom cibuľu restujte asi 3 minúty alebo kým nebude mäkká a priehľadná; Cesnak restujte, kým nebude aromatický, asi 1 minútu.

Pridajte zvyšné ingrediencie a znížte teplotu na mierny var; Prikryjeme a dusíme asi 10 minút alebo do varenia. Dobrú chuť!

Klasická dusená paprika

(Hotové asi za 15 minút | 2 porcie)

Na porciu: Kalórie: 154; tuk: 13,7 g; sacharidy: 2,9 g; Vaječný bielok: 0,5 g

Ingrediencie

3 lyžice olivového oleja

4 papriky zbavíme jadrovníkov a nakrájame na pásiky

2 strúčiky cesnaku, nasekané

Soľ a čerstvo mleté čierne korenie podľa chuti

1 lyžička kajenského korenia

4 polievkové lyžice suchého bieleho vína

2 lyžice čerstvého koriandra, nahrubo nasekaného

inštrukcie

V hrnci zohrejte olej na strednom ohni.

Keď je paprika horúca, restujte ju asi 4 minúty alebo kým nebude mäkká a voňavá. Potom cesnak restujte asi 1 minútu, kým nebude aromatický.

Pridajte soľ, čierne korenie a kajenské korenie; pokračujte v restovaní a pridávajte víno asi ďalších 6 minút, kým nebude mäkké a prevarené.

Ochutnajte a upravte koreniny. Posypeme čerstvým koriandrom a podávame. Dobrú chuť!

Pyrená koreňová zelenina

(Hotové asi za 25 minút | 5 porcií)

Na porciu: Kalórie: 207; tuk: 9,5 g; sacharidy: 29,1 g; Bielkoviny: 3 g

Ingrediencie

1 libra červených zemiakov, olúpaných a nakrájaných na kúsky

1/2 libry paštrnáka, orezaného a nakrájaného na kocky

1/2 libry mrkvy, orezané a nakrájané na kocky

4 lyžice vegánskeho masla

1 čajová lyžička sušeného oregana

1/2 čajovej lyžičky sušenej bylinky kôpru

1/2 lyžičky sušeného majoránu

1 lyžička sušenej bazalky

inštrukcie

Zeleninu zakryte vodou o 2,5 cm. Priveďte do varu a varte do mäkka, asi 25 minút; vypustiť.

Zmiešajte zeleninu so zvyšnými prísadami a podľa potreby pridajte tekutinu na varenie.

Podávajte teplé a užívajte si!

. Pečená maslová tekvica

(Hotové asi za 25 minút | 4 porcie)

Na porciu: Kalórie: 247; tuk: 16,5 g; sacharidy: 23,8 g; Bielkoviny: 4,3 g

Ingrediencie

4 lyžice olivového oleja

1/2 lyžičky mletého kmínu

1/2 lyžičky mletého nového korenia

1 ½ libry maslovej tekvice olúpanej, zbavenej semienok a nakrájanej na kocky

1/4 šálky suchého bieleho vína

2 lyžice tmavej sójovej omáčky

1 lyžička horčičných semienok

1 lyžička papriky

Morská soľ a mleté čierne korenie podľa chuti

inštrukcie

Začnite predhriatím rúry na 420 stupňov F. Squash premiešajte so zvyšnými prísadami.

Orieškovú tekvicu pražíme asi 25 minút alebo kým nezmäkne a neskaramelizuje.

Podávajte teplé a užívajte si!

Dusené cremini huby

(Hotové asi za 10 minút | 4 porcie)

Na porciu: Kalórie: 197; tuk: 15,5 g; sacharidy: 8,8 g; Bielkoviny: 7,3 g

Ingrediencie

4 lyžice olivového oleja

4 polievkové lyžice nakrájanej šalotky

2 strúčiky cesnaku, nasekané

1 ½ libry cremini huby, nakrájané na plátky

1/4 šálky suchého bieleho vína

Morská soľ a mleté čierne korenie podľa chuti

inštrukcie

Na panvici zohrejte olivový olej na stredne vysokej teplote.

Teraz šalotku restujte 3 až 4 minúty alebo kým nebude mäkká a priehľadná. Pridajte cesnak a varte ďalších 30 sekúnd alebo kým nebude voňavý.

Vmiešajte kreminové huby, víno, soľ a čierne korenie; Pokračujte v smažení ďalších 6 minút, kým huby nezhnednú.

Dobrú chuť!

Vyprážaná špargľa so sezamom

(Hotové asi za 25 minút | 4 porcie)

Na porciu: Kalórie: 215; tuk: 19,1 g; sacharidy: 8,8 g; Bielkoviny: 5,6 g

Ingrediencie

1 ½ libry špargle, orezanej

4 lyžice extra panenského olivového oleja

Morská soľ a mleté čierne korenie podľa chuti

1/2 čajovej lyžičky sušeného oregana

1/2 lyžičky sušenej bazalky

1 lyžička vločiek červenej papriky, drvené

4 lyžice sezamových semienok

2 lyžice čerstvej pažítky, nahrubo nasekanej

inštrukcie

Začnite predhriatím rúry na 400 stupňov F. Potom vyložte plech papierom na pečenie.

Špargľu premiešajte s olivovým olejom, soľou, čiernym korením, oreganom, bazalkou a vločkami červenej papriky. Teraz položte špargľu v jednej vrstve na pripravený plech.

Pečte špargľu asi 20 minút.

Špargľu posypte sezamovými semienkami a pečte ďalších 5 minút, alebo kým špargle nie sú chrumkavé a sezamové semienka jemne opečené.

Ozdobíme čerstvou pažítkou a podávame teplé. Dobrú chuť!

Panvica na baklažán na grécky spôsob

(Hotové asi za 15 minút | 4 porcie)

Na porciu: Kalórie: 195; tuk: 16,1 g; sacharidy: 13,4 g; Bielkoviny: 2,4 g

Ingrediencie

4 lyžice olivového oleja

1 ½ libry baklažánu, olúpaný a nakrájaný na plátky

1 lyžička cesnaku, nasekaný

1 paradajka, roztlačená

Morská soľ a mleté čierne korenie podľa chuti

1 lyžička kajenského korenia

1/2 čajovej lyžičky sušeného oregana

1/4 lyžičky mletého bobkového listu

2 unce olív Kalamata, bez kôstok a nakrájaných na plátky

inštrukcie

Olej zohrejte na panvici na strednom ohni.

Potom baklažány dusíme asi 9 minút alebo kým nezmäknú.

Pridajte zvyšné ingrediencie, zakryte a varte ďalšie 2 až 3 minúty alebo kým nie sú úplne uvarené. Podávajte teplé.

Keto karfiolová ryža

(Hotové asi za 10 minút | 5 porcií)

Na porciu: Kalórie: 135; tuk: 11,5 g; sacharidy: 7,2 g; Bielkoviny: 2,4 g

Ingrediencie

2 stredne veľké karfiolové hlavy, stonky a listy odstránené

4 lyžice extra panenského olivového oleja

4 strúčiky cesnaku, prelisované

1/2 lyžičky vločiek červenej papriky, rozdrvených

Morská soľ a mleté čierne korenie podľa chuti

1/4 šálky plochej petržlenovej vňate, nahrubo nasekanej

inštrukcie

Rozdrvte karfiol v kuchynskom robote čepeľou S, kým sa nenaseká na „ryžu".

Zohrejte olivový olej v hrnci na strednom ohni. Keď je cesnak horúci, varte ho, kým nebude voňavý alebo asi 1 minútu.

Pridajte karfiolovú ryžu, červenú papriku, soľ a čierne korenie a restujte ďalších 7 až 8 minút.

Ochutnáme, okoreníme a ozdobíme čerstvou petržlenovou vňaťou. Dobrú chuť!

Obyčajná cesnaková kapusta

(Hotové asi za 10 minút | 4 porcie)

Na porciu: Kalórie: 217; tuk: 15,4 g; sacharidy: 16,1 g; Bielkoviny: 8,6 g

Ingrediencie

4 lyžice olivového oleja

4 strúčiky cesnaku, nasekané

1 1/2 libry čerstvého kelu, pevné stonky a rebrá odstránené, nastrúhané

1 šálka zeleninového vývaru

1/2 lyžičky rasce

1/2 čajovej lyžičky sušeného oregana

1/2 lyžičky papriky

1 lyžička cibuľového prášku

Morská soľ a mleté čierne korenie podľa chuti

inštrukcie

V hrnci zohrejte olivový olej na strednom ohni. Teraz restujte cesnak asi 1 minútu, alebo kým nebude aromatický.

Postupne pridávame kel a postupne prilievame zeleninový vývar; premiešajte, aby ste podporili rovnomerné varenie.

Znížte teplotu na mierny oheň, pridajte korenie a varte, kým listy kelu nezvädnú, 5 až 6 minút.

Podávajte teplé a užívajte si!

Artičoky dusené na citróne a olivovom oleji

(Hotové asi za 35 minút | 4 porcie)

Na porciu: Kalórie: 278; tuk: 18,2 g; sacharidy: 27 g; Bielkoviny: 7,8 g

Ingrediencie

1 ½ šálky vody

2 citróny, čerstvo vytlačené

2 libry artičokov, orezané, pevné vonkajšie listy a drozdy odstránené

1 hrsť čerstvej talianskej petržlenovej vňate

2 vetvičky tymiánu

2 vetvičky rozmarínu

2 bobkové listy

2 strúčiky cesnaku, nasekané

1/3 šálky olivového oleja

Morská soľ a mleté čierne korenie podľa chuti

1/2 lyžičky vločiek červenej papriky

inštrukcie

Naplňte misku vodou a pridajte citrónovú šťavu. Očistené artičoky vložte do misy a nechajte ich úplne ponorené.

V inej malej miske dôkladne premiešajte bylinky a cesnak. Potrite si artičoky bylinkovou zmesou.

Nalejte citrónovú vodu a olivový olej do hrnca; vložte artičoky do hrnca. Znížte teplotu na mierny oheň a prikryté varte, kým artičoky nie sú chrumkavé, asi 30 minút.

Pri podávaní pokvapkajte artičoky šťavou z panvice a dochuťte soľou, čiernym korením a vločkami červenej papriky. Dobrú chuť!

Pečená mrkva s rozmarínom a cesnakom

(Hotové asi za 25 minút | 4 porcie)

Na porciu: Kalórie: 228; tuk: 14,2 g; sacharidy: 23,8 g; Bielkoviny: 2,8 g

Ingrediencie

2 libry mrkvy, orezané a rozpolené pozdĺžne

4 lyžice olivového oleja

2 lyžice šampanského octu

4 strúčiky cesnaku, nasekané

2 vetvičky rozmarínu, nasekané

Morská soľ a mleté čierne korenie podľa chuti

4 lyžice píniových oriešok, nasekaných

inštrukcie

Začnite predhriatím rúry na 400 stupňov F.

Mrkvu zmiešame s olivovým olejom, octom, cesnakom, rozmarínom, soľou a čiernym korením. Poukladajte ich v jednej vrstve na plech na pečenie vystlaný pergamenom.

Mrkvu opekáme v predhriatej rúre do mäkka, asi 20 minút.

Mrkvu ozdobte píniovými orieškami a ihneď podávajte. Dobrú chuť!

Zelená fazuľka v stredomorskom štýle

(Hotové asi za 20 minút | 4 porcie)

Na porciu: Kalórie: 159; tuk: 8,8 g; sacharidy: 18,8 g; Bielkoviny: 4,8 g

Ingrediencie

2 lyžice olivového oleja

1 červená paprika zbavená semienok a nakrájaná na kocky

1 ½ libry zelenej fazuľky

4 strúčiky cesnaku, nasekané

1/2 lyžičky horčičných semienok

1/2 lyžičky semien feniklu

1 čajová lyžička sušenej bylinky kôpru

2 paradajky, pyré

1 šálka smotanovej zelerovej polievky

1 čajová lyžička talianskej bylinnej zmesi

1 lyžička kajenského korenia

Soľ a čerstvo mleté čierne korenie

inštrukcie

Zohrejte olivový olej v hrnci na strednom plameni. Papriku a zelenú fazuľku za horúca dusíme asi 5 minút a pravidelne miešame, aby sa podporilo rovnomerné varenie.

Pridajte cesnak, horčičné semienka, fenikel a kôpor a restujte ďalšiu minútu, alebo kým nebude voňavá.

Pridajte prelisované paradajky, smotanovú zelerovú polievku, zmes talianskych bylín, kajenské korenie, soľ a čierne korenie. Prikryte a pokračujte v dusení asi 9 minút, alebo kým zelené fazuľky nezmäknú.

Ochutnáme, okoreníme a podávame teplé. Dobrú chuť!

Pečená záhradná zelenina

(Hotové asi za 45 minút | 4 porcie)

Na porciu: Kalórie: 311; tuk: 14,1 g; sacharidy: 45,2 g; Bielkoviny: 3,9 g

Ingrediencie

1 libra maslovej tekvice, olúpaná a nakrájaná na 1-palcové kúsky

4 sladké zemiaky, olúpané a nakrájané na 1-palcové kúsky

1/2 šálky mrkvy, olúpané a nakrájané na 1-palcové kúsky

2 stredné cibule, nakrájané na mesiačiky

4 lyžice olivového oleja

1 lyžička granulovaného cesnaku

1 lyžička papriky

1 lyžička sušeného rozmarínu

1 lyžička horčičných semienok

Košer soľ a čerstvo mleté čierne korenie podľa chuti

inštrukcie

Začnite predhriatím rúry na 420 stupňov F.

Zmiešajte zeleninu s olivovým olejom a korením. Poukladajte ich na panvicu vystlanú pergamenom.

Restujeme asi 25 minút. Zeleninu premiešajte a varte ďalších 20 minút.

Dobrú chuť!

. Jednoducho pečený kaleráb

(Hotové asi za 30 minút | 4 porcie)

Na porciu: Kalórie: 177; tuk: 14 g; sacharidy: 10,5 g; Vaječný bielok: 4,5 g

Ingrediencie

1 libra žeruchy, ošúpaná a nakrájaná na plátky

4 lyžice olivového oleja

1/2 lyžičky horčičných semienok

1 lyžička zelerových semienok

1 lyžička sušenej majoránky

1 lyžička granulovaného cesnaku, nasekaného

Morská soľ a mleté čierne korenie podľa chuti

2 polievkové lyžice výživného droždia

inštrukcie

Začnite predhriatím rúry na 450 stupňov F.

Kaleráb zmiešajte s olivovým olejom a korením, kým nebude dobre obalený. Kaleráb poukladáme v jednej vrstve na pekáč vystlaný papierom na pečenie.

Kaleráb pečieme v predhriatej rúre asi 15 minút; premiešame a varíme ďalších 15 minút.

Teplý kaleráb prisypeme nutričné droždie a ihneď podávame. Dobrú chuť!

Karfiol s tahini omáčkou

(Hotové asi za 10 minút | 4 porcie)

Na porciu: Kalórie: 217; tuk: 13 g; sacharidy: 20,3 g; Bielkoviny: 8,7 g

Ingrediencie

1 šálka vody

2 kilové ružičky karfiolu

Morská soľ a mleté čierne korenie podľa chuti

3 lyžice sójovej omáčky

5 lyžíc tahini

2 strúčiky cesnaku, nasekané

2 lyžice citrónovej šťavy

inštrukcie

Vo veľkom hrnci priveďte vodu do varu; potom pridajte karfiol a varte asi 6 minút alebo do mäkka; scedíme, dochutíme soľou a korením a odložíme.

V miske dôkladne premiešame sójovú omáčku, tahini, cesnak a citrónovú šťavu. Ružičky karfiolu polejeme omáčkou a podávame.

Dobrú chuť!

Bylinkové karfiolové pyré

(Hotové asi za 25 minút | 4 porcie)

Na porciu: Kalórie: 167; tuk: 13 g; sacharidy: 11,3 g; Bielkoviny: 4,4 g

Ingrediencie

1 ½ libry ružičiek karfiolu

4 lyžice vegánskeho masla

4 strúčiky cesnaku, nakrájané na plátky

Morská soľ a mleté čierne korenie podľa chuti

1/4 šálky ovseného mlieka, nesladeného

2 lyžice čerstvej petržlenovej vňate, nasekanej nahrubo

inštrukcie

Ružičky karfiolu dusíme asi 20 minút; odložíme nabok vychladnúť.

V hrnci rozpustite vegánske maslo na stredne vysokej teplote; Teraz restujte cesnak asi 1 minútu alebo kým nebude voňavý.

Umiestnite ružičky karfiolu do kuchynského robota, potom dusený cesnak, soľ, čierne korenie a ovsené mlieko. Miešajte, kým sa všetko dobre nespojí.

Ozdobte listami čerstvej petržlenovej vňate a podávajte horúce. Dobrú chuť!

Cesnak bylinková panvica na huby

(Hotové asi za 10 minút | 4 porcie)

Na porciu: Kalórie: 207; tuk: 15,2 g; sacharidy: 12,7 g; Bielkoviny: 9,1 g

Ingrediencie

4 lyžice vegánskeho masla

1 ½ libry hlivy ustricovej, na polovicu

3 strúčiky cesnaku, nasekané

1 čajová lyžička sušeného oregana

1 lyžička sušeného rozmarínu

1 lyžička sušených petržlenových vločiek

1 lyžička sušenej majoránky

1/2 šálky suchého bieleho vína

Košer soľ a mleté čierne korenie podľa chuti

inštrukcie

Na panvici zohrejte olivový olej na stredne vysokej teplote.

Teraz huby restujte 3 minúty alebo kým nepustia tekutinu. Pridajte cesnak a varte ďalších 30 sekúnd alebo kým nebude voňavý.

Primiešajte korenie a pokračujte v restovaní ďalších 6 minút, kým huby nezhnednú.

Dobrú chuť!

Pečená špargľa

(Hotové asi za 10 minút | 4 porcie)

Na porciu: Kalórie: 142; tuk: 11,8 g; sacharidy: 7,7 g; Bielkoviny: 5,1 g

Ingrediencie

4 lyžice vegánskeho masla

1 ½ libry špargľových šparglí, orezaných

1/2 lyžičky mletých semien rasce

1/4 lyžičky bobkový list, mletý

Morská soľ a mleté čierne korenie podľa chuti

1 lyžička čerstvej limetkovej šťavy

inštrukcie

V hrnci na strednom ohni roztopte vegánske maslo.

Špargľu restujte asi 3 až 4 minúty a pravidelne miešajte, aby ste podporili rovnomerné varenie.

Pridajte rascu, bobkový list, soľ a čierne korenie a varte špargľu ďalšie 2 minúty, kým nebude chrumkavá.

Špargľu pokvapkáme limetkovou šťavou a podávame teplé. Dobrú chuť!

Zázvorové pyré z mrkvy

(Hotové asi za 25 minút | 4 porcie)

Na porciu: Kalórie: 187; tuk: 8,4 g; sacharidy: 27,1 g; Bielkoviny: 3,4 g

Ingrediencie

2 kilá mrkvy, nakrájané na kolieska

2 lyžice olivového oleja

1 lyžička mletého kmínu

Podľa chuti osolíme mletým čiernym korením

1/2 lyžičky kajenského korenia

1/2 lyžičky zázvoru, ošúpaného a nasekaného

1/2 šálky plnotučného mlieka

inštrukcie

Začnite predhriatím rúry na 400 stupňov F.

Mrkvu zmiešame s olivovým olejom, rascou, soľou, čiernym korením a kajenským korením. Poukladajte ich v jednej vrstve na plech na pečenie vystlaný pergamenom.

Mrkvu pečieme v predhriatej rúre asi 20 minút, kým nie je chrumkavá a mäkká.

Pridajte pečenú mrkvu, zázvor a mlieko do kuchynského robota; Zmiešajte ingrediencie, kým sa dobre nezmiešajú.

Dobrú chuť!

Pečené artičoky na stredomorský spôsob

(Hotové asi za 50 minút | 4 porcie)

Na porciu: Kalórie: 218; tuk: 13 g; sacharidy: 21,4 g; Bielkoviny: 5,8 g

Ingrediencie

4 artičoky, očistené, zbavené tvrdých vonkajších listov a drozdov, rozpolené

2 citróny, čerstvo vytlačené

4 lyžice extra panenského olivového oleja

4 strúčiky cesnaku, nasekané

1 lyžička čerstvého rozmarínu

1 lyžička čerstvej bazalky

1 lyžička čerstvej petržlenovej vňate

1 čajová lyžička čerstvého oregana

Vločková morská soľ a mleté čierne korenie podľa chuti

1 lyžička vločiek červenej papriky

1 lyžička papriky

inštrukcie

Začnite predhriatím rúry na 395 stupňov F. Citrónovou šťavou potrite celý povrch vašich artičokov.

V malej miske dôkladne premiešajte cesnak s bylinkami a korením

Polovice artičokov uložíme reznou stranou nahor do zapekacej misy vystlanej papierom na pečenie. Artičoky rovnomerne potrieme olivovým olejom. Naplňte priehlbiny zmesou cesnaku a bylín.

Pečieme asi 20 minút. Prikryjeme alobalom a pečieme ďalších 30 minút. Podávajte teplé a užívajte si!

Dusený kel na thajský spôsob

(Hotové asi za 10 minút | 4 porcie)

Na porciu: Kalórie: 165; tuk: 9,3 g; sacharidy: 16,5 g; Bielkoviny: 8,3 g

Ingrediencie

1 šálka vody

1 1/2 libry kelu, pevné stonky a rebrá odstránené, nastrúhané

2 lyžice sezamového oleja

1 lyžička čerstvého cesnaku, lisovaného

1 lyžička zázvoru, ošúpaného a nasekaného

1 thajské chilli, nasekané

1/2 čajovej lyžičky prášku z kurkumy

1/2 šálky kokosového mlieka

Košer soľ a mleté čierne korenie podľa chuti

inštrukcie

Vo veľkom hrnci rýchlo priveďte vodu do varu. Pridajte kel a varte, kým sa jemne nezafarbí, asi 3 minúty. Sceďte, opláchnite a vysušte.

Panvicu vytrieme kuchynským papierom a na miernom ohni zohrejeme sezamový olej. Po zahriatí varte cesnak, zázvor a čili, kým nebudú voňavé, asi 1 minútu.

Pridajte kel a prášok z kurkumy a varte ďalšiu minútu alebo kým sa nezahreje.

Postupne prilievame kokosové mlieko, soľ a čierne korenie; ďalej dusíme, kým tekutina nezhustne. Ochutnáme, okoreníme a podávame horúce. Dobrú chuť!

Hodvábne kalerábové pyré

(Hotové asi za 30 minút | 4 porcie)

Na porciu: Kalórie: 175; tuk: 12,8 g; sacharidy: 12,5 g; Bielkoviny: 4,1 g

Ingrediencie

1 ½ libry žeruchy, olúpané a nakrájané na kúsky

4 lyžice vegánskeho masla

Morská soľ a čerstvo mleté čierne korenie podľa chuti

1/2 lyžičky rasce

1/2 lyžičky koriandrových semienok

1/2 šálky sójového mlieka

1 lyžička čerstvého kôpru

1 lyžička čerstvej petržlenovej vňate

inštrukcie

Kaleráb uvaríme vo vriacej osolenej vode asi 30 minút do mäkka; vypustiť.

Kaleráb zmiešame s vegánskym maslom, soľou, čiernym korením, rascou a koriandrovými semienkami.

Suroviny rozmixujeme tyčovým mixérom a postupne pridávame mlieko. Ozdobte čerstvým kôprom a petržlenovou vňaťou. Dobrú chuť!

Smotanový restovaný špenát

(Hotové asi za 15 minút | 4 porcie)

Na porciu: Kalórie: 146; Tuky: 7,8 g; sacharidy: 15,1 g; Bielkoviny: 8,3 g

Ingrediencie

- 2 lyžice vegánskeho masla
- 1 cibuľa, nakrájaná
- 1 lyžička cesnaku, nasekaný
- 1 ½ šálky zeleninového vývaru
- 2 libry špenátu, natrhané na kúsky
- Morská soľ a mleté čierne korenie podľa chuti
- 1/4 lyžičky sušeného kôpru
- 1/4 lyžičky horčičných semienok
- 1/2 lyžičky zelerových semienok
- 1 lyžička kajenského korenia

1/2 šálky ovseného mlieka

inštrukcie

V hrnci rozpustite na strednom ohni vegánske maslo.

Potom cibuľu restujte asi 3 minúty alebo kým nebude mäkká a priehľadná. Potom cesnak restujte asi 1 minútu, kým nebude aromatický.

Pridajte vývar a špenát a priveďte do varu.

Znížte teplotu na mierny var. Pridajte korenie a varte ďalších 5 minút.

Pridajte mlieko a varte ďalších 5 minút. Dobrú chuť!

Aromatický soté kaleráb

(Hotové asi za 10 minút | 4 porcie)

Na porciu: Kalórie: 137; tuk: 10,3 g; sacharidy: 10,7 g; Bielkoviny: 2,9 g

Ingrediencie

3 lyžice sezamového oleja

1 ½ libry žeruchy, olúpané a nakrájané na kocky

1 lyžička cesnaku, nasekaný

1/2 lyžičky sušenej bazalky

1/2 čajovej lyžičky sušeného oregana

Morská soľ a mleté čierne korenie podľa chuti

inštrukcie

V potiahnutej panvici zohrejte sezamový olej. Keď je kaleráb horúci, restujte ho asi 6 minút.

Pridajte cesnak, bazalku, oregano, soľ a čierne korenie. Pokračujte vo varení 1 až 2 minúty.

Podávajte teplé. Dobrú chuť!

Klasická dusená kapusta

(Hotové asi za 20 minút | 4 porcie)

Na porciu: Kalórie: 197; tuk: 14,3 g; sacharidy: 14,8 g; Bielkoviny: 4 g

Ingrediencie

4 lyžice sezamového oleja

1 šalotka, nasekaná

2 strúčiky cesnaku, nasekané

2 bobkové listy

1 šálka zeleninového vývaru

1 ½ libry červenej kapusty, nakrájanej na mesiačiky

1 lyžička vločiek červenej papriky

Morská soľ a čierne korenie podľa chuti

inštrukcie

Zahrejte sezamový olej v hrnci na stredne vysokej teplote. Keď je šalotka horúca, restujte ju 3 až 4 minúty a pravidelne miešajte, aby ste podporili rovnomerné varenie.

Pridajte cesnak a bobkové listy a restujte ďalšiu minútu alebo kým nebudú voňavé.

Pridáme vývar, vločky červenej papriky, soľ a čierne korenie a prikryté dusíme asi 12 minút alebo kým kapusta nezmäkne.

Ochutnáme, okoreníme a podávame horúce. Dobrú chuť!

Dusená mrkva so sezamom

(Hotové asi za 10 minút | 4 porcie)

Na porciu: Kalórie: 244; tuk: 16,8 g; sacharidy: 22,7 g; Bielkoviny: 3,4 g

Ingrediencie

1/3 šálky zeleninového vývaru

2 libry mrkvy, orezané a nakrájané na tyčinky

4 lyžice sezamového oleja

1 lyžička cesnaku, nasekaný

Himalájska soľ a čerstvo mleté čierne korenie podľa chuti

1 lyžička kajenského korenia

2 lyžice čerstvej petržlenovej vňate, nasekanej

2 lyžice sezamových semienok

inštrukcie

Vo veľkom hrnci priveďte zeleninový vývar do varu. Znížte teplotu na stredne nízku. Pridajte mrkvu a prikryté varte asi 8 minút, kým mrkva nie je chrumkavá a mäkká.

Zahrejte sezamový olej na strednom ohni; Teraz restujte cesnak 30 sekúnd alebo kým nebude voňavý. Pridajte soľ, čierne korenie a kajenské korenie.

Na malej panvici opekajte sezamové semienka 1 minútu alebo kým nebudú voňavé a zlaté.

Na servírovanie ozdobte restovanú mrkvu petržlenovou vňaťou a opečenými sezamovými semienkami. Dobrú chuť!

Pečená mrkva s tahini omáčkou

(Hotové asi za 25 minút | 4 porcie)

Na porciu: Kalórie: 365; tuk: 23,8 g; sacharidy: 35,3 g; Bielkoviny: 6,1 g

Ingrediencie

2 ½ libry mrkvy umyté, orezané a rozpolené pozdĺžne

4 lyžice olivového oleja

Morská soľ a mleté čierne korenie podľa chuti

omáčka:

4 lyžice tahini

1 lyžička cesnaku, prelisovaného

2 lyžice bieleho octu

2 lyžice sójovej omáčky

1 lyžička lahôdkovej horčice

1 lyžička agávového sirupu

1/2 lyžičky rasce

1/2 čajovej lyžičky sušenej bylinky kôpru

inštrukcie

Začnite predhriatím rúry na 400 stupňov F.

Mrkvu zmiešame s olivovým olejom, soľou a čiernym korením. Poukladajte ich v jednej vrstve na plech na pečenie vystlaný pergamenom.

Mrkvu pečieme v predhriatej rúre asi 20 minút, kým nie je chrumkavá a mäkká.

Medzitým všetky ingrediencie na omáčku spolu dobre vyšľaháme.

Podávajte mrkvu s omáčkou. Dobrú chuť!

Pečený karfiol s bylinkami

(Hotové asi za 30 minút | 4 porcie)

Na porciu: Kalórie: 175; tuk: 14 g; sacharidy: 10,7 g; Bielkoviny: 3,7 g

Ingrediencie

1 ½ libry ružičiek karfiolu

1/4 šálky olivového oleja

4 strúčiky cesnaku, celé

1 polievková lyžica čerstvej bazalky

1 lyžica čerstvého koriandra

1 lyžica čerstvého oregana

1 lyžica čerstvého rozmarínu

1 lyžica čerstvej petržlenovej vňate

Morská soľ a mleté čierne korenie podľa chuti

1 lyžička vločiek červenej papriky

inštrukcie

Začnite predhriatím rúry na 425 stupňov F. Karfiol polejte olivovým olejom a položte na panvicu vystlanú pergamenom.

Potom ružičky karfiolu opekajte asi 20 minút; Pridajte ich s cesnakom a korením a varte ďalších 10 minút.

Podávajte teplé. Dobrú chuť!

Krémové rozmarínové brokolicové pyré

(Hotové asi za 15 minút | 4 porcie)

Na porciu: Kalórie: 155; tuk: 9,8 g; sacharidy: 14,1 g; Bielkoviny: 5,7 g

Ingrediencie

1 ½ libry ružičiek brokolice

3 lyžice vegánskeho masla

4 strúčiky cesnaku, nasekané

2 vetvičky čerstvého rozmarínu, listy pozbierané a nasekané

Morská soľ a červená paprika podľa chuti

1/4 šálky sójového mlieka, nesladeného

inštrukcie

Ružičky brokolice dusíme asi 10 minút; odložíme nabok vychladnúť.

V hrnci rozpustite vegánske maslo na stredne vysokej teplote; Teraz restujte cesnak a rozmarín asi 1 minútu alebo kým nebudú voňavé.

Vložte ružičky brokolice do kuchynského robota, potom pridajte zmes restovaného cesnaku a rozmarínu, soľ, korenie a mlieko. Miešajte, kým sa všetko dobre nespojí.

Ak chcete, ozdobte extra čerstvými bylinkami a podávajte horúce. Dobrú chuť!

Jednoduchá panvica na mangold

(Hotové asi za 15 minút | 4 porcie)

Na porciu: Kalórie: 169; tuk: 11,1 g; sacharidy: 14,9 g; Bielkoviny: 6,3 g

Ingrediencie

3 lyžice olivového oleja

1 šalotka, nakrájaná na tenké plátky

1 červená paprika zbavená semienok a nakrájaná na kocky

4 strúčiky cesnaku, nasekané

1 šálka zeleninového vývaru

2 libry švajčiarskeho mangoldu, pevné stonky odstránené, natrhané na kúsky

Morská soľ a mleté čierne korenie podľa chuti

inštrukcie

V hrnci zohrejte olivový olej na strednom ohni.

Potom šalotku a papriku restujte asi 3 minúty alebo do mäkka. Potom cesnak restujte asi 1 minútu, kým nebude aromatický.

Pridajte vývar a mangold a priveďte do varu. Znížte teplotu na mierny oheň a varte ďalších 10 minút.

Dochutíme soľou a čiernym korením a podávame teplé. Dobrú chuť!

Zelená kapusta dusená na víne

(Hotové asi za 10 minút | 4 porcie)

Na porciu: Kalórie: 205; tuk: 11,8 g; sacharidy: 17,3 g; Bielkoviny: 7,6 g

Ingrediencie

1/2 šálky vody

1 ½ libry kapustnice

3 lyžice olivového oleja

4 lyžice nasekanej jarnej cibuľky

4 strúčiky cesnaku, nasekané

1/2 šálky suchého bieleho vína

1/2 lyžičky horčičných semienok

Košer soľ a mleté čierne korenie podľa chuti

inštrukcie

Vo veľkom hrnci priveďte vodu do varu. Pridajte kel a varte, kým sa jemne nezafarbí, asi 3 minúty. Scedíme a vysušíme.

Hrniec vytrieme kuchynským papierom a na miernom ohni rozohrejeme olivový olej. Po zahriatí opečte jarnú cibuľku a cesnak, kým nebudú voňavé, asi 2 minúty.

Pridajte víno, ktoré pretieklo cez kel, horčicu, soľ a čierne korenie. Prikryte a varte ďalších 5 minút alebo kým sa neprehreje.

Nalejte do jednotlivých misiek a podávajte horúce. Dobrú chuť!

French Beans Verts

(Hotové asi za 10 minút | 4 porcie)

Na porciu: Kalórie: 197; tuk: 14,5 g; sacharidy: 14,4 g; Bielkoviny: 5,4 g

Ingrediencie

1 ½ šálky zeleninového vývaru

1 rómska paradajka, pretlak

1½ libry Haricots Verts, orezané

4 lyžice olivového oleja

2 strúčiky cesnaku, nasekané

1/2 lyžičky červenej papriky

1/2 lyžičky rasce

1/2 čajovej lyžičky sušeného oregana

Morská soľ a čerstvo mleté čierne korenie podľa chuti

1 polievková lyžica čerstvej citrónovej šťavy

inštrukcie

Zeleninový vývar a drvené paradajky priveďte do varu. Pridajte zelené listy a varte, kým nebudú zelené, asi 5 minút; Rezervácie.

V hrnci zohrejte olivový olej na stredne vysokej teplote; Cesnak restujte 1 minútu alebo kým nebude voňavý.

Pridajte korenie a rezervované zelené fazuľky; Varte 3 minúty, kým nebude hotový.

Podávajte s niekoľkými kvapkami čerstvej citrónovej šťavy. Dobrú chuť!

Maslové pyré z repy

(Hotové asi za 35 minút | 4 porcie)

Na porciu: Kalórie: 187; tuk: 13,6 g; sacharidy: 14 g; Bielkoviny: 3,6 g

Ingrediencie

2 šálky vody

1 ½ libry repy, olúpané a nakrájané na malé kúsky

4 lyžice vegánskeho masla

1 šálka ovseného mlieka

2 čerstvé vetvičky rozmarínu, nasekané

1 lyžica čerstvej petržlenovej vňate, nasekanej

1 lyžička zázvorovo-cesnakovej pasty

Kóšer soľ a čerstvo mleté čierne korenie

1 lyžička vločiek červenej papriky, drvené

inštrukcie

Priveďte vodu do varu; znížte teplotu na mierny oheň a varte repku asi 30 minút; vypustiť.

Ponorným mixérom rozmixujte cviklu na pyré s vegánskym maslom, mliekom, rozmarínom, petržlenovou vňaťou, zázvorovo-cesnakovou pastou, soľou, čiernym korením, vločkami červenej papriky a podľa potreby pridajte tekutinu na varenie.

Dobrú chuť!

Dusená cuketa s bylinkami

(Hotové asi za 10 minút | 4 porcie)

Na porciu: Kalórie: 99; tuk: 7,4 g; sacharidy: 6 g; Bielkoviny: 4,3 g

Ingrediencie

2 lyžice olivového oleja

1 cibuľa, nakrájaná na plátky

2 strúčiky cesnaku, nasekané

1 ½ libry cukety, nakrájané na plátky

Morská soľ a čerstvo mleté čierne korenie podľa chuti

1 lyžička kajenského korenia

1/2 lyžičky sušenej bazalky

1/2 čajovej lyžičky sušeného oregana

1/2 lyžičky sušeného rozmarínu

inštrukcie

V hrnci zohrejte olivový olej na strednom ohni.

Keď je cibuľa horúca, restujte ju asi 3 minúty alebo kým nezmäkne. Potom cesnak restujte asi 1 minútu, kým nebude aromatický.

Pridajte cuketu spolu s korením a restujte ďalších 6 minút, kým nezmäkne.

Ochutnajte a upravte koreniny. Dobrú chuť!

šťouchané sladké zemiaky

(Hotové asi za 20 minút | 4 porcie)

Na porciu: Kalórie: 338; tuk: 6,9 g; sacharidy: 68 g; Bielkoviny: 3,7 g

Ingrediencie

1 ½ libry sladkých zemiakov, olúpaných a nakrájaných na kocky

2 lyžice vegánskeho masla, rozpusteného

1/2 šálky agávového sirupu

1 lyžička korenia na tekvicový koláč

Štipka morskej soli

1/2 šálky kokosového mlieka

inštrukcie

Sladké zemiaky zakryte jedným alebo dvoma palcami studenej vody. Sladké zemiaky varíme v mierne vriacej vode asi 20 minút; dobre odkvapkať.

Vložte sladké zemiaky do misky kuchynského robota; pridajte vegánske maslo, agávový sirup, korenie na tekvicový koláč a soľ.

Pokračujte v miešaní a postupne pridávajte mlieko, kým sa dobre nezapracuje. Dobrú chuť!

Sherry pečená kráľovská trúbka

(Hotové asi za 20 minút | 4 porcie)

Na porciu: Kalórie: 138; Tuky: 7,8 g; sacharidy: 11,8 g; Bielkoviny: 5,7 g

Ingrediencie

1 ½ libry kráľovských trúbkových húb, očistených a pozdĺžne rozpolených.

2 lyžice olivového oleja

4 strúčiky cesnaku, mleté alebo nasekané

1/2 lyžičky sušeného rozmarínu

1/2 lyžičky sušeného tymiánu

1/2 lyžičky sušených petržlenových vločiek

1 lyžička dijonskej horčice

1/4 šálky suchého sherry

Morská soľ a čerstvo mleté čierne korenie podľa chuti

inštrukcie

Začnite predhriatím rúry na 390 stupňov F. Veľký plech na pečenie vysteľte papierom na pečenie.

V miske zmiešajte huby so zvyšnými prísadami, kým nie sú dobre pokryté zo všetkých strán.

Položte huby v jednej vrstve na pripravený pekáč.

Huby restujte asi 20 minút, v polovici varenia premiešajte.

Dobrú chuť!

Cvikla a zemiaková kaša

(Hotové asi za 35 minút | 5 porcií)

Na porciu: Kalórie: 177; tuk: 5,6 g; sacharidy: 28,2 g; Bielkoviny: 4 g

Ingrediencie

1 ½ libry zemiakov, olúpaných a nakrájaných na kocky

1 libra červenej repy, olúpaná a nakrájaná na kocky

2 lyžice vegánskeho masla

1/2 lyžičky lahôdkovej horčice

1/2 šálky sójového mlieka

1/2 lyžičky mletého kmínu

1 lyžička papriky

Morská soľ a mleté čierne korenie podľa chuti

inštrukcie

Zemiaky a repu varte vo vriacej osolenej vode do mäkka, asi 30 minút; vypustiť.

Zmiešajte zeleninu s vegánskym maslom, horčicou, mliekom, rascou, paprikou, soľou a čiernym korením do požadovanej konzistencie.

Dobrú chuť!

Quino kaša so sušenými figami

(Hotové asi za 25 minút | 3 porcie)

Na porciu: Kalórie: 414; tuk: 9 g; sacharidy: 71,2 g; Vaječný bielok: 13,8 g

Ingrediencie

1 šálka bielej quinoa, opláchnutá

2 šálky mandľového mlieka

4 lyžice hnedého cukru

Štipka soli

1/4 lyžičky strúhaného muškátového oriešku

1/2 lyžičky mletej škorice

1/2 lyžičky vanilkového extraktu

1/2 šálky sušených fíg, nasekaných

inštrukcie

V hrnci zmiešajte quinou, mandľové mlieko, cukor, soľ, muškátový oriešok, škoricu a vanilkový extrakt.

Na strednom ohni priveďte do varu. Znížte teplotu na mierny oheň a nechajte variť asi 20 minút; načechrať vidličkou.

Rozdeľte medzi tri servírovacie misky a ozdobte sušenými figami. Dobrú chuť!

Chlebový puding s hrozienkami

(Hotové asi za 1 hodinu | Porcie 4)

Na porciu: Kalórie: 474; tuk: 12,2 g; sacharidy: 72 g; Vaječný bielok: 14,4 g

Ingrediencie

4 šálky chleba z predchádzajúceho dňa, nakrájané na kocky

1 šálka hnedého cukru

4 šálky kokosového mlieka

1/2 lyžičky vanilkového extraktu

1 lyžička mletej škorice

2 polievkové lyžice rumu

1/2 šálky hrozienok

inštrukcie

Začnite predhriatím rúry na 360 stupňov F. Zapekaciu misu zľahka naolejujte nepriľnavým sprejom na varenie.

Vložte kocky chleba do pripravenej zapekacej misy.

V miske dôkladne zmiešame cukor, mlieko, vanilku, škoricu, rum a hrozienka. Smotanu rovnomerne nalejte na kocky chleba.

Nechajte pôsobiť asi 15 minút.

Pečte v predhriatej rúre asi 45 minút alebo kým vrch nie je zlatohnedý a stuhnutý. Dobrú chuť!